Komm.de

Deutsch und Kommunikation für berufliche Schulen

Arbeitsheft mit Lösungen

Herausgegeben von:
Manfred Maier

Erarbeitet von:
Ines Hildt
Susanne Lütkemeier-Freudenreich
Manfred Maier
Thorsten Möhlmann
Reinhild Vogt

Ernst Klett Verlag
Stuttgart · Leipzig

Die so gekennzeichneten Aufgaben sollen auf einem gesonderten Blatt gelöst werden.

1. Auflage 1 5 4 3 2 1 | 2012 11 10 09 08

Alle Drucke dieser Auflage sind unverändert und können im Unterricht nebeneinander verwendet werden.
Die letzte Zahl bezeichnet das Jahr des Drucks.

Internetadresse: www.klett.de

Redaktion: Andrea Höppner
Herstellung: Katja Wollmann
Umschlag und Layoutkonzeption: Petra Michel, one pm, Stuttgart
Umschlagfoto: Corbis (Darius Ramazani), Düsseldorf
Satz: Markus Schmitz, Büro für typografische Dienstleistungen, Münster
Repro: Meyle + Müller, Medien-Management, Pforzheim
Druck: Mediahaus Biering GmbH, München

Printed in Germany

ISBN 978-3-12-804014-1

9 783128 040141

Kompetenzbereiche

1 Sich vorstellen

Mein Steckbrief

Individuelle Lösung

Name:

(Foto)

Meine Hobbys:

Alter:

Meine Lieblingsmusik:

Name des Ausbildungsbetriebes:

Mein Charakter:

Was ich zum Leben brauche

Das brauche ich unbedingt

Darauf kann ich verzichten

Darauf könnte ich eventuell verzichten

Meine neue Schule

Was ich erwarte

Was ich befürchte

2 Texte lesen und verstehen

1

Lesen Sie den Text still und und notieren Sie rechts unten die Wörter, die Sie geklärt haben möchten.

Mit der Charisma-Kamera auf Partnersuche

Eine österreichische Firma hat eine Kamera entwickelt, mit deren Hilfe Mann/Frau den Traumpartner auf der Tanzfläche ermittelt. *Thema*

Nur Sekunden dauert es im Normalfall, bis ein unbekanntes Gegenüber auf der Party eingeordnet ist. Haar- und Augenfarbe, Aussehen, Größe und Alter. Dann steht unser erster Eindruck fest. Ansprechen oder besser nicht? Die allermeisten Informationen – mehr als 70 Prozent, vermuten Wissenschaftler – ziehen wir dabei, bewusst und unbewusst, aus der Körpersprache des anderen. Sie ist mitentscheidend, ob uns jemand gefällt. *Der erste Eindruck*

Hinterher sind wir trotzdem oft schlauer, wenn sich der vermeintlich heiße Tänzer als laue Nummer herausstellt. Könnte man in Zukunft nur solche „Fehlgriffe" vermeiden! Dabei helfen könnte die Charisma-Kamera, entwickelt von der österreichischen Firma „Digital Mankind". 30 Sekunden lang zeichnet sie einen Tanzenden auf und erstellt ein Bewegungsprofil. Kleine und langsame Bewegungen geben ein schwaches Signal, schnelle und raumgreifende ein stärkeres. *Fehlgriffe vermeiden*

So entsteht für jeden Tänzer ein charakteristisches Profil. Aus dem schließen die Forscher auf den Charakter des Tanzenden. Nach einem statistischen Verfahren ermittelt die Charisma-Kamera die fünf wichtigsten Persönlichkeitsparameter der klassischen Psychologie: Gewissenhaftigkeit, Extravertiertheit, Offenheit, emotionale Stabilität und soziale Toleranz. Angeblich lässt sich die Charisma-Kamera kaum austricksen. Denn selbst wenn man sich beim Tanzen vor der Kamera versucht zu verstellen, nach wenigen Sekunden fällt fast jeder automatisch in sein ureigenes Bewegungsmuster zurück. *Persönlichkeitsmerkmale ermitteln* *Bewegungsmuster*

Steht also in Zukunft neben jeder Tanzfläche eine Charisma-Kamera, die uns für 2 Euro 50 einen Blick ins Innenleben der Partygäste erlaubt? Wer weiß. Für die Erfinder ist die Charisma-Kamera weit mehr als nur ein Party-Gag. Mit der Kamera ließen sich zum Beispiel Fortschritte bei Therapien ermitteln oder Computern helfen, mit Menschen individuell zu kommunizieren. Gewinnbringend ist die Charisma-Kamera aber schon jetzt: Einer der Forscher hat bei den Versuchen damit seine Traumfrau kennengelernt. *Zukunftsaussichten*

KOMPETENZBOX

Das stille Lesen

Das stille Lesen dient dazu, ein **Grundverständnis eines Textes** zu erlangen.

Dabei sollte man für sich folgende Fragen beantworten:

- → **Wer** schreibt?
- → **Worüber** wird geschrieben?
- → **Welche Wörter** muss ich nachschlagen, weil sie mein Textverständnis behindern?
- → **Welcher Textaufbau** ist erkennbar?

Eventuell noch:

- → **An wen** wendet sich die Autorin/der Autor?
- → **Welche Absicht** verfolgt sie/er?

Arbeitstechnik für das stille Lesen:

- → Nur das Wichtigste unterstreichen
- → Schlüsselbegriffe markieren
- → Unbekannte Wörter nachschlagen und Bedeutung (am Rand) notieren
- → Aufbau des Textes am Rand notieren

Worterklärungen

Charisma = persönliche Ausstrahlung
Parameter = kennzeichnende Größe
Extravertiertheit = auf Kontakt mit anderen Menschen ausgerichtet, die Gefühle klar zeigend

Wörter:

____

____

____

2

Klären Sie die Bedeutung der notierten Wörter.

3

a) Lesen Sie den Text erneut.
b) Markieren Sie rund 6 Schlüsselbegriffe im Text.
c) Unterstreichen Sie nur die wichtigsten Inhalte.
d) Notieren Sie den Aufbau des Textes am Rand.

4

Kreuzen Sie an, welche Aussage (1, 2 oder 3) jeweils richtig ist.

A Der Autor des Artikels ist
☐ **1** Peter Maier (Abkürzung: PM).
☒ **2** der Leserin/dem Leser nicht bekannt.
☐ **3** ein wissenschaftlicher Angestellter.

B Mit der erwähnten Kamera kann man
☐ **1** Traumtänzer ausfindig machen.
☐ **2** Traumpaare fotografieren.
☒ **3** Traumpartner finden.

C In nur wenigen Sekunden kann die Kamera
☐ **1** Haar- und Augenfarbe sowie das Alter der oder des Tanzenden ermitteln.
☐ **2** einen laschen von einem heißen Tänzer unterscheiden.
☒ **3** ein Bewegungsmuster der oder des Tanzenden erstellen.

D Aufgrund des persönlichen Bewegungsprofils ermitteln die Forscher
☒ **1** den Charakter eines Menschen.
☐ **2** die persönliche Ausstrahlung auf den Partner.
☐ **3** die statistischen Verfahren zur Erkennung der Persönlichkeit.

E Der Einsatz der Kamera könnte dazu führen, dass
☐ **1** sich Partygäste wohler fühlen.
☒ **2** Computer individuell mit Menschen kommunizieren.
☐ **3** mehr Therapien gemacht werden.

5

Führen Sie diese Sätze mit Inhalten des Textes fort.

A Wissenschaftler vermuten, dass wir durch Körpersprache *mehr als 70 % aller Informationen über uns preisgeben.*

B Die Kamera wandelt *unterschiedliche Bewegungen in entsprechende Signale um.*

C Die Kamera gibt schließlich Auskunft darüber, ob jemand *gewissenhaft ist, Gefühle zeigt, anderen Menschen aufgeschlossen begegnet, offen für Neues, gefühlsmäßig stabil oder schwankend ist, sich anderen Verhaltensweisen gegenüber tolerant verhält.*

6

Markieren Sie den inhaltlich korrekten Satz.

Der Text auf Seite 5 ist
A ein Werbetext für die genannte österreichische Firma.
B ein reiner Informationstext.
C eine Mischung aus Unterhaltung, Information und Werbung.

7

Betrachten Sie die Karikatur unten genau.

8

Markieren Sie, welche Thematik in der Karikatur angesprochen wird.

Stuttgarter Zeitung, 05.03.2007 (Mester)

A Der hohe Energieverbrauch in Deutschland
B Die Suche nach der billigsten Energieform
C Das zu üppige Energieangebot in Deutschland
D Die Suche nach der billigsten Energieform zur Senkung der hohen Energiekosten
E Die Gleichgültigkeit des Energieverbrauchers gegenüber den schädlichen Auswirkungen der Energiegewinnung
F Die Umweltbelastung durch die Energieproduktion

9

Kreuzen Sie an, gegen wen sich die Kritik in der Karikatur vor allem richtet.

☐ **A** Gegen die Energiekonzerne, die zu viel Energie produzieren.
☒ **B** Gegen die Energiekonsumenten, die ohne Rücksicht auf die Umwelt zu viel Energie verbrauchen.
☐ **C** Gegen die Werbeindustrie, die immer nur das Billigste anpreist und dabei den Preis verschweigt, den die Verbraucher der Produkte mit ihrer Gesundheit bezahlen müssen.

10

Formulieren Sie die Kritik, die in dieser Karikatur steckt.

Der Energieverbrauch ist zu hoch (übergewichtige Person). Um die damit verbundenen hohen Kosten zu senken, sollte der Verbraucher nicht nach der billigsten Energiequelle Ausschau halten, sondern zunächst seinen Energieverbrauch drosseln. Denn auch billiger erscheinende Energie ist teuer, wenn man die gesundheitlichen Risiken bei der Produktion und beim Verbrauch dieser Energieform mit bedenkt und berechnet.

11

a) Lesen Sie den folgenden Text und das Schaubild auf Seite 9 genau und klären Sie unbekannte Wörter.
b) Bearbeiten Sie den Text in der gleichen Weise, wie Sie den Text auf Seite 5 bearbeitet haben (siehe Aufgabe 3).

GEHÖRSCHÄDEN DURCH MUSIK

Ohrensausen

Dauerlärm ist enormer Stress fürs Gehör. Über Jahre hinweg zu viel Geräuschkulisse kann Lärmschwerhörigkeit verursachen. Denn hohe Schallpegel greifen die Sinneszellen (Haarzellen) im Gehör an, die mit sehr feinen Härchen ausgestattet sind. Eine hohe Lärmbelastung drückt die Härchen nieder, sie können knicken und beschädigt werden. Genehmigt man den Ohren nach hoher Lärmbelastung ausreichend Ruhe, erholen sie sich normalerweise. Geht der Lärm jedoch nonstop weiter, regenerieren sich die angegriffenen Zellen immer langsamer. Die Härchen verkleben, werden schlapp und sterben ab. Je mehr Haarzellen kaputtgehen, desto mangelhafter deutet das Gehirn die ankommenden Signale, ein Prozess, der schleichend und fast unbemerkt verläuft. Zu Beginn dieses Prozesses nehmen die Betroffenen Sprache, Musik und Umgebungsgeräusche dumpfer, verwaschener und deutlich leiser wahr als zuvor. Später verstehen sie ganze Satzteile nicht mehr. Sprache und Hintergrundgeräusche vermischen sich, es wird zunehmend schwieriger, zu kommunizieren oder die geliebte Musik zu genießen.

Körperliche Wirkung von zu hohem Dauerlärmpegel

Wer meint, Lärmschwerhörigkeit sei kein Thema für Junge, irrt sich. Bereits knapp ein Drittel aller 20-Jährigen hierzulande leidet unter Hörverlust. Und vieles weist darauf hin, dass das Problem mit der Gewöhnung an hohe Dauerlärmpegel in der Freizeit zusammenhängt. Fest steht, Lärmschwerhörigkeit ist nicht heilbar. Die Schäden lassen sich außerdem nur sehr unvollkommen mit Hörgeräten oder elektronischen Hörimplantaten mildern. Für Betroffene bedeutet das in der Regel einen hohen Verlust an Lebensqualität. […]

Gefährdung der Jugendlichen in der Freizeit
Lärmschwerhörigkeit unheilbar

Kein Sensor für Lärmgefahr

Obwohl die Schallpegel von Disco, Technopartys, Rockkonzerten oder Motorsportveranstaltungen in die Nähe der Schmerzgrenze reichen können, hält dieser Lärm Menschen nicht davon ab, solche Veranstaltungen zu besuchen. Er wird nämlich nicht als unangenehm empfunden. Krach kann Spaß machen und mit positiven Erlebnissen einhergehen. Das ist tückisch, denn der Mensch hat zwar ein gutes Lautstärkeempfinden, jedoch kein Empfinden für die Gefahr, die laute Geräusche mit sich bringen. Die Evolution hat leider kein Warnsystem für schädliche Lärmbelastung hervorgebracht. Für das Ausmaß von Gehörschäden durch Lärm ist unter anderem der Wert der Schallintensität entscheidend. Schall entsteht, wenn eine Schallquelle, zum Beispiel eine Kirchenglocke, die umgebende Luft in Schwingung versetzt. Was man dann hört, sind Schallwellen, die das Ohr durch die Luft erreichen. Durch die Luftschwingungen, die eine Schallquelle auslöst, entstehen Luftdruckschwankungen, der sogenannte Schalldruck. Seine Höhe, den Schalldruckpegel, kann man messen. Er wird in der Regel in der Einheit Dezibel (A), kurz dB(A) angegeben. […] Das Besondere der Dezibelskala: Sie verläuft nicht linear, sondern logarithmisch, jede Verdoppelung der Schallstärke entspricht einer Schallpegelzunahme um 3 dB(A). Jeder Anstieg des Lärmpegels um drei dB(A) heißt Verdoppelung der Gehörgefährdung. Dabei ist zu beachten: Die das Gehör schädigende Wirkung des Schalls ergibt sich nicht allein aus der Höhe des Schallpegels. Genauso wichtig ist die Dauer der Einwirkzeit. Liegt die Dauerlärmbelastung am Arbeitsplatz bei 88 dB(A), dann haben die Ohren schon nach vier Stunden den gleichen Stress wie nach acht Stunden mit 85 dB(A). Übertragen auf die Freizeit heißt das: Bei 100 dB(A) dürfte sich niemand länger als höchstens 15 Minuten pro Tag ohne Gehörschutz in einer Disco aufhalten.

Schallintensität entscheidet über Gehörschäden

Schalldruckpegel messbar
3 db(A) = Verdoppelung der Schallstärke

Höhe und Dauer des Lärmpegels entscheidend

Beispiel

Aus: Gabriele Mosbach: Gehörschäden durch Musik – Ohrensausen. Arbeit und Gesundheit, Unterrichtshilfe März 2007. Hg. v. Hauptverband der gewerblichen Berufsgenossenschaften, Sankt Augustin. Universum Verlag, Wiesbaden 2007

12

Markieren Sie die Aussage (1, 2 oder 3), die jeweils richtig ist.

A

- ☐ **1** Hoher Lärmpegel verursacht Gehörschäden.
- ☐ **2** Zu viel Lärm führt zu Schwerhörigkeit.
- ☒ **3** Zu hohe Lärmbelastung über längere Zeit führt zu Gehörschäden.

B

- ☐ **1** Lärmschwerhörigkeit kann plötzlich unbemerkt eintreten.
- ☒ **2** Die Ohren erholen sich wieder, wenn man ihnen nach hoher Lärmbelastung ausreichend Ruhe gönnt.
- ☐ **3** Lärmschwerhörigkeit ist nur ein Problem älterer Menschen.

C

- ☒ **1** Lärmschwerhörigkeit kann man auch mit moderner Technik nicht heilen.
- ☐ **2** Zu viel Lärm ist niemals angenehm.
- ☐ **3** Menschen haben ein empfindliches Gespür für schädliche Lärmbelastungen.

D

- ☒ **1** Eine Lärmzunahme um 3 Dezibel empfinden wir als Verdoppelung der Lautstärke.
- ☐ **2** Gehörschäden werden durch die Schallstärke nicht beeinflusst.
- ☐ **3** Die Dauer der Lärmbelastung spielt keine Rolle bei der Schädigung des Gehörs, wohl aber die Höhe.

DIE AUSWIRKUNGEN VON LÄRMBELASTUNG

LÄRMSTUFEN	Lautstärke in Dezibel	LÄRMWIRKUNGEN
Flugzeugstart	140	
	135	
	130	
	125	
Probelauf von Düsenflugzeugen	120	Gehörschädigung nach kurzer Einwirkung möglich
	115	**schmerzhaft**
Rockband, laute Disco	110	
	105	
manipuliertes Fahrzeug, Presslufthammer	100	
	95	**unerträglich**
Kreissäge, Vorbeifahrt eines ICE	90	
	85	Gehörschädigung möglich
Autobahn, tagsüber	80	
	75	
Hauptstraße, tagsüber	70	
Zugverkehr, Rasenmäher	65	Risiko für Herz- u. Kreislauferkrankungen erhöht sich
normales Gespräch	60	
	55	**laut**
ruhige Wohnstraße, tagsüber	50	Störung der Kommunikation (u.a. Unterhaltung, Fernsehen)
	45	
ruhige Wohnstraße, nachts	40	Lern- und Konzentrationsstörungen möglich
	35	
Ticken eines Weckers	30	Schlafstörungen möglich
	25	**leise**
Vogelgezwitscher	20	
	15	
normales Atmen	10	
	5	**ruhig**
	0	**Hörgrenze**

13

Führen Sie die Sätze mit Inhalten des Textes fort.

A Die körperliche Schädigung durch einen anhaltend hohen Lärmpegel ist deshalb nicht heilbar, weil *die feinen Haarzellen im Gehör sich nicht mehr erholen, dann verkleben, schlapp werden und schließlich absterben*.

B Zum Teil setzen sich Menschen in ihrer Freizeit einem Lärmpegel um die 100 Dezibel aus, trotzdem *empfinden sie den Lärm nicht als unangenehm*, weil *wir kein Empfinden für die mögliche Schädigung des Gehörs haben*.

C Neben der Höhe des Lärmpegels ist auch entscheidend, *wie lange wir einem bestimmten Lärmpegel ausgesetzt sind*, um die schädigende Wirkung des Lärms beurteilen zu können.

14

Beantworten Sie die folgenden Fragen zum Text und zur Skala in vollständigen Sätzen.

1. Was versteht man unter dem Begriff Dezibel?
2. Ab wie viel Dezibel kann der Lärmpegel zu schädlichen körperlichen Reaktionen führen?
3. Um das Wievielfache verstärkt sich die Gehörgefährdung, wenn wir statt einer Kreissäge ein manipuliertes Fahrzeug hören?
4. Um wie viel stärker belastet uns der Lärm eines Presslufthammers gegenüber einer lauten Disco?
5. Wie lange ist der Besuch einer Disco ohne Gehörgefährdung pro Tag möglich?

3 Inhalte wiedergeben

1

Lesen Sie den Text zunächst still oder halblaut.

Hauptsache weit

Und weg, hatte er gedacht. Die Schule war zu Ende, das Leben noch nicht, hatte noch nicht begonnen, das Leben. Er hatte nicht viel Angst davor, weil er noch keine Enttäuschung kannte. Er war ein schöner Junge mit langen dunklen Haaren, er spielte Gitarre, komponierte am Computer und dachte, irgendwie werde ich wohl später nach London gehen, was Kreatives machen. Aber das war später.

Neuer Lebensabschnitt

Kurzbeschreibung und Charakterisierung des Jungen

Und nun?

Warum kommt der Spaß nicht? Der Junge hockt in einem Zimmer, das Zimmer ist grün, wegen der Neonleuchte, es hat kein Fenster und der Ventilator ist sehr laut. Schatten huschen über den Betonboden, das Glück ist das nicht, eine Wolldecke auf dem Bett, auf der schon einige Kriege ausgetragen wurden. Magen gegen Tom Yan, Darm gegen Curry.

In der Fremde:
– ungemütliches Zimmer
– unglücklich

Immer verloren, die Eingeweide. Der Junge ist 18 und jetzt aber Asien, hatte er sich gedacht. Mit 1000 Dollar durch Thailand, Indien, Kambodscha, drei Monate unterwegs, und dann wieder heim, nach Deutschland. Das ist so eng, so langweilig, jetzt was erleben und vielleicht nie zurück. Hast du keine Angst, hatten die blassen Freunde zu Hause gefragt, so ganz alleine? Nein, hatte er geantwortet, man lernt ja so viele Leute kennen unterwegs. Bis jetzt hatte er hauptsächlich Mädchen kennengelernt, nett waren die schon, wenn man Leute mag, die einen bei jedem Satz anfassen. Mädchen, die aussahen wie dreißig und doch so alt waren wie er, seit Monaten unterwegs, die Mädchen, da werden sie komisch. Übermorgen würde er in Laos sein, da mag er jetzt gar nicht dran denken, in seinem hässlichen Pensionszimmer, muss Obacht geben, dass er sich nicht aufs Bett wirft und weint, auf die Decke, wo schon die anderen Dinge drauf sind. In dem kleinen Fernseher kommen nur Leute vor, die ihm völlig fremd sind, das ist das Zeichen, dass man einsam ist, wenn man die Fernsehstars eines Landes nicht kennt und die eigenen keine Bedeutung haben. Der Junge sehnt sich nach Stefan Raab, nach Harald Schmidt und Echt. Er merkt weiter, dass er

– Erinnerung an seine ursprünglichen Vorstellungen

Kontrast mit jetzigen Erfahrungen

– Trauer, Gefühl des Fremdseins

– Sehnsucht nach Heimat, Bekanntem

KOMPETENZBOX

Inhalte wiedergeben

VORARBEITEN

→ Text still oder halblaut lesen

→ Betonte und sinntragende Wörter mit hohem Informationswert unterstreichen

→ Gliederungssignale des Textes markieren

- Aufzählungen (*Erstens – zweitens – drittens*)
- Gegenüberstellungen (*Einerseits – andererseits*)
- Zeitliche Reihenfolge (*Früher – heute*)
- Behauptung
- Begründung (*Denn – weil – da*)
- Beispiel zur Stützung der Begründung
- Unterschiedliche Orte
- Personen

→ Eventuell Randnotizen machen

AUFBAU EINER INHALTSANGABE

→ Textart und Quelle angeben: Autor/in, Titel, Erscheinungsort und -zeit

→ Inhalt in ein bis zwei Sätzen zusammenfassen

→ Danach den gesamten Text in eigenen Worten wiedergeben

→ Schluss: Persönliche Wertung, wenn sie verlangt wird

gar nicht existiert, wenn es nichts hat, was er kennt. Wenn er keine Zeitung in seiner Sprache kaufen kann, keine Klatschgeschichten über einheimische Prominente lesen, wenn keiner anruft und fragt, wie es ihm geht. Dann gibt es ihn nicht. Denkt er. Ist unterdessen aus seinem heißen Zimmer in die heiße Nacht gegangen, hat fremdes Essen vor sich, von einer fremdsprachigen Serviererin gebracht, die sich nicht für ihn interessiert, wie niemand hier. Das ist wie tot sein, denkt der Junge. Weit weg von zu Hause, um anderen beim Leben zuzusehen, könnte man umfallen und sterben in der tropischen Nacht und niemand würde weinen darum. Jetzt weint er doch, denkt an die lange Zeit, die er noch rumbekommen muss, alleine in heißen Ländern mit seinem Rucksack, und das stimmt so gar nicht mit den Bildern überein, die er zu Hause von sich hatte. Wie er entspannt mit Wasserbüffeln spielen wollte, in Straßencafés sitzen und cool sein. Was ist, ist einer mit Sonnenbrand und Heimweh nach den Stars zu Hause, die sind wie ein Geländer zum Festhalten. Er geht durch die Nacht, selbst die Tiere reden ausländisch und dann sieht er etwas, sein Herz schlägt schneller. Ein Computer, ein Internet-Café. Und er setzt sich, schaltet den Computer an, liest seine E-Mails. Kleine Sätze von seinen Freunden und denen antwortet er, dass es ihm gut gehe und alles großartig ist, und er schreibt und schreibt und es ist auf einmal völlig egal, dass zu seinen Füßen ausländische Insekten so groß wie Meerkatzen herumlaufen, dass das fremde Essen im Magen drückt. Er schreibt seinen Freunden über die kleinen Katastrophen und die fremde Welt um ihn verschwimmt, er ist nicht mehr allein, taucht in den Bildschirm ein, der ist wie ein weiches Bett, er denkt an Bill Gates und Fred Apple, er schickt ein Mail an SAT 1 und für ein paar Stunden ist er wieder am Leben, in der heißen Nacht weit weg von zu Hause.

Sibylle Berg: Das Unerfreuliche zuerst. Herrengeschichten. Verlag Kiepenheuer & Witsch, Köln 2001, S. 123 ff.

– Gefühl der Leblosigkeit

– Angst vor weiterer Einsamkeit

– Erinnerung an ursprüngliche Vorstellungen

– Internet-Café als Lichtblick

– E-Mails an Freunde

– ein paar Stunden wieder am Leben

2

a) Lesen Sie den Text erneut und unterstreichen Sie die Wörter mit hohem Informationswert und alle Textstellen, in denen der Begriff „Leben" bzw. eine Umschreibung des Begriffs vorkommt.

b) Rahmen Sie das Wort „denken" und alle Ableitungen davon ein.

c) Markieren Sie die wichtigsten Aussagen über zu Hause und über die Fremde jeweils in einer anderen Farbe.

d) Unterstreichen Sie mit gestrichelten Linien die persönlichen Daten des Jungen.

3

Notieren Sie den inhaltlichen Aufbau des Textes am Rand (z. B. *Neuer Lebensabschnitt*, *Kurzbeschreibung und Charakterisierung des Jungen*).

4

Lesen Sie den Text laut vor.

5

Entscheiden Sie, welche drei Aussagen falsch sind.

Er denkt,

☐ **A** … dass er weit weg will.
☒ **B** … dass er in London Gitarre spielen möchte.
☐ **C** … dass eine Reise durch Asien das Richtige für ihn ist.
☒ **D** … dass er hoffentlich bald in Laos sein wird.
☐ **E** … dass es ihn nicht gibt, wenn er nichts Bekanntes um sich hat und sich niemand für ihn interessiert.
☐ **F** … dass er in der Fremde nur andere leben sieht.
☐ **G** … dass er noch lange unterwegs sein muss.
☒ **H** … dass er seinen Freunden dankbar sein sollte.

6

Vervollständigen Sie die Quellenangabe zum Text auf S. 10 f.

Die Kurzgeschichte „Hauptsache weit" wurde von Sibylle Berg verfasst. Sie erschien in dem Buch „Das

Unerfreuliche zuerst" im Jahr *2001* in *Köln* im Verlag *Kiepenheuer & Witsch*.

7

Streichen Sie in dieser Zusammenfassung des gesamten Textes überflüssige Textstellen durch.

Die Geschichte handelt von einem ~~18-jährigen~~ Jungen, der gerade die Schule beendet hat, ~~gut aussieht, Musik macht~~ und möglichst weit weg will, dann aber in der Fremde ~~in Asien~~ nicht das erlebt, was er sich ausgemalt hatte, und schließlich über das Internet ein Stück Leben zurückgewinnt.

8

Vervollständigen Sie den Text.

Am Anfang der Geschichte steht der Wunsch des Jungen, *weit weg zu wollen*. Die Schule hat er beendet, das Leben *aber beginnt für ihn erst, meint er*. Den Ort der Enge und Langeweile will er verlassen und etwas erleben. So macht er sich für drei Monate auf *nach Asien*. Dort sitzt er *in einem schäbigen Hotelzimmer* und fühlt sich *einsam*.

9

Bilden Sie aus den Silben Adjektive (Eigenschaftswörter) und schreiben Sie sie mit kleinen Anfangsbuchstaben in die Lücken.

A nüch – fens – los – tern – ter

Das Zimmer ist *fensterlos* und *nüchtern*.

B un – schmud – ap – pe – de – tit – lig – lich

Die Wolldecke sieht *unappetitlich* und *schmuddelig* aus.

C sam – ter – äl – selt

Die Mädchen wirken *älter* und *seltsam*.

D ge – heiß – un – wohnt

Das Klima ist *ungewohnt* und *heiß*.

E ar – be – kömm – tig – lich – fremd – un

Das Essen empfindet er als *fremdartig* und *unbekömmlich*.

10 *Individuelle Lösung*

Verfassen Sie eine vollständige Inhaltsangabe des Textes auf S. 10 f. Sie können dabei auch Textteile aus den Übungen verwenden.

11 *Individuelle Lösung*

a) Lesen Sie den folgenden Text zunächst still.

b) Schreiben Sie alle Wörter an den Rand, deren Bedeutung Sie nicht kennen.

Rank, schlank und krank?

Gestörtes Essverhalten

Der Wunsch, schlanker zu sein, begleitet viele Menschen ihr Leben lang. Zum Glück gelingt es den meisten, mit den Jahren ihren Körper besser anzunehmen und ihm allzu rigide Formungsversuche zu ersparen. Für andere jedoch sind die unzähligen Diätversuche der Einstieg in eine ernste, manchmal lebensbedrohende Krankheit: Sie entwickeln eine schwere Essstörung. […]

Essstörungen sind nicht zwangsläufig mit (realen) Gewichtsproblemen verbunden. Menschen mit Essstörungen können sowohl unter- als auch normal- oder übergewichtig sein.

Je nach Gewicht und konkretem Essverhalten werden drei Hauptformen schwerer Essstörungen unterschieden:

Magersucht
Auffallendes Kennzeichen ist der extreme Gewichtsverlust. Um ihn zu erreichen, hungern Magersüchtige unerbittlich und treiben exzessiv Sport. Sie empfinden sich als zu dick, egal wie ausgezehrt sie bereits sind, und leugnen sowohl die Diät als auch den Gewichtsverlust. Ab einem gewissen Punkt besteht Lebensgefahr: Die Sterblichkeitsrate liegt zwischen 15 und 20 Prozent! Weitere Symptome: ständiges Frieren, Aussetzen der Monatsregel, Entwickeln von umständlichen Essritualen, Konzentrationsschwierigkeiten, Verstecken des Körpers, z. B. unter übergroßer Kleidung.

Ess-/Brechsucht (Bulimie)
Auch Ess-/Brechsüchtige möchten abnehmen, können ihre ehrgeizigen Diätpläne jedoch nicht umsetzen, deshalb erbrechen sie nach dem Essen willentlich. Manche nehmen auch große Mengen Abführmittel zu sich oder treiben exzessiv Sport. Der Kreislauf Essen/Erbrechen kann sich verselbständigen und schließlich mehrmals täglich wiederholen, gegessen wird zunehmend anfallartig. Die Betroffenen leiden massiv unter Schuld-, Scham- und Versagensgefühlen und isolieren sich selbst. [...]

Esssucht
Heißhungerattacken, für die sich die Betroffenen maßlos schämen, und – manchmal massives – Übergewicht sind die zentralen Symptome dieser Essstörung. Dabei versuchen auch Esssüchtige immer wieder Diät zu halten und abzunehmen. Die Betroffenen hassen ihren Körper, er offenbart ihr Versagen. Sie lehnen dementsprechend oft jede Art von körperlicher Aktivität ab, manche vernachlässigen zudem die Körperpflege. Für Übergewicht gibt es verschiedene Ursachen. Das heißt: Nicht jede/r Übergewichtige darf als esssüchtig eingestuft werden.
In Deutschland sind 0,4 bis ein Prozent der Mädchen und Frauen zwischen dem 15. und 35. Lebensjahr von Magersucht, drei bis vier Prozent von Bulimie und sechs Prozent von Esssucht betroffen. Jungen und Männer erkranken etwa 10- bis 20-mal seltener, aber auch hier steigen die Zahlen an. [...] Jede Essstörung ist ein Ausdruck großer seelischer Not. [...] Den Betroffenen ist dies meist jedoch nicht bewusst. Der Kampf gegen ihr reales oder vermeintliches Übergewicht verschlingt den größten Teil ihrer Energie und lenkt sie von ihren wahren Problemen ab. Ein instabiles Selbstwertgefühl, großer Leistungsdruck, der Verlust von Familienangehörigen u. v. m. können als Risikofaktoren genannt werden. [...]
Die allgemein üblichen Diätversuche oder andere Anstrengungen, den Körper beispielsweise durch Sport den Idealvorstellungen anzunähern, sind allein kein Grund, die Entwicklung einer Essstörung zu vermuten. Ist ein Mädchen oder Junge ernsthaft gefährdet, kommen andere Auffälligkeiten hinzu: Viele Betroffene isolieren sich und reagieren aggressiv oder abweisend auf Versuche, sich ihnen zu nähern. Auf gezielte Ansprache leugnen sie ihre Probleme. Ein deutliches Warnzeichen ist der Rückzug aus Freundschaften und von Unternehmungen mit Gleichaltrigen, an denen sie bislang Freude hatten. Anhaltende Unruhe und Konzentrationsschwäche, Unlust oder übersteigerte Aktivität können ebenfalls auf schwerwiegende Probleme hinweisen. [...]

Aus: Petra Mader: Rank, schlank, krank? Gestörtes Essverhalten. Arbeit und Gesundheit, Unterrichtshilfe Januar 2001. Hg. v. Hauptverband der gewerblichen Berufsgenossenschaften, Sankt Augustin. Universum Verlag, Wiesbaden 2001

12 *Individuelle Lösung*

Erkundigen Sie sich nach der Bedeutung der Wörter, die Sie am Rand notiert haben.

13

Unterstreichen Sie in jedem Abschnitt nur wenige Textstellen, die bedeutsam für den Inhalt oder die Struktur des Textes sind.

14

Markieren Sie die wichtigsten Kennzeichen der einzelnen Essstörungen.

15

Lesen Sie den Text laut vor.

16

Entscheiden Sie, welche der folgenden Aussagen richtig und welche falsch sind.

		Richtig	Falsch
A	Normalgewichtige können keine Essstörungen haben.	☐	☒
B	Essstörungen können, müssen aber nicht zu Gewichtsproblemen führen.	☒	☐
C	Wer sein normales Gewicht hält, hat keine Probleme mit dem Essen.	☐	☒
D	Wer übergewichtig ist, ist esssüchtig.	☐	☒
E	Jungen sind nicht von Esssucht betroffen, nur Mädchen.	☐	☒
F	Frauen erkranken häufiger an Magersucht als Männer.	☒	☐
G	Essstörungen sind die Folge persönlicher Probleme.	☒	☐
H	Durch den Kampf mit dem Essen werden die seelischen Probleme beseitigt.	☐	☒

17

Verfassen Sie eine vollständige Inhaltsangabe des Textes auf S. 12 f.

4 Inhalt eines Schaubildes wiedergeben

1

Betrachten Sie das Schaubild genau.

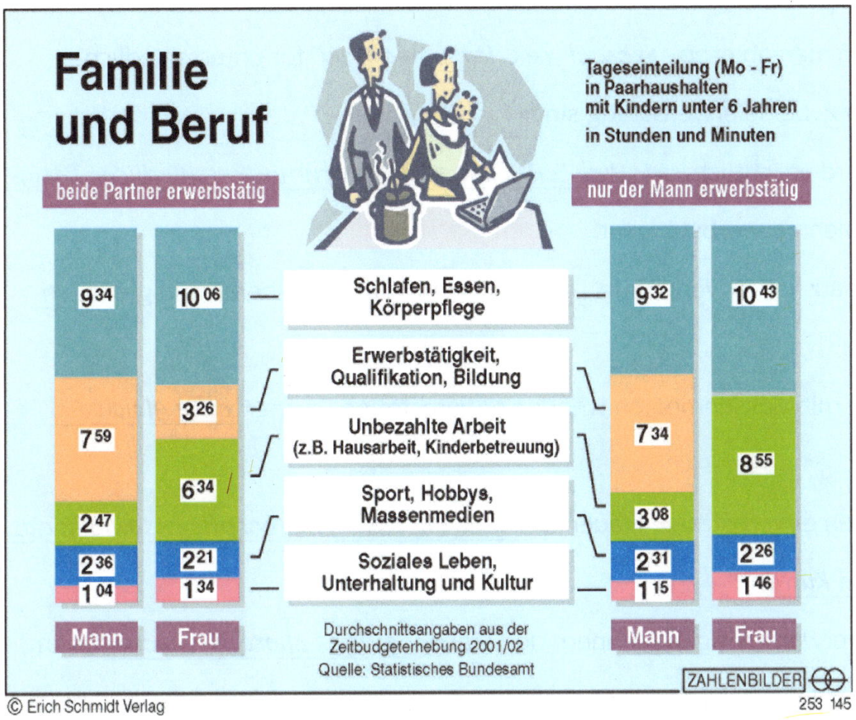

© Erich Schmidt Verlag

10/2004

2

Vervollständigen Sie die Quellenangabe zu dem Schaubild oben.

Das Schaubild zum Thema „Familie und Beruf" wurde im Oktober 2004 in der Reihe Zahlenbilder vom Erich Schmidt Verlag herausgegeben. Die Zahlen beruhen auf einer Zeitbudget-Erhebung, die vom Statistischen Bundesamt 2001/02 durchgeführt wurde.

3

Streichen Sie die falschen Aussagen durch.

A ~~In dem Schaubild geht es darum, wie Familie und Beruf miteinander vereinbart werden können.~~

B ~~In dem Schaubild geht es um das Verhältnis von Mann und Frau.~~

C In dem Schaubild wird aufgezeigt, wie viel Zeit Männer und Frauen für unterschiedliche Aktivitäten von Montag bis Freitag aufbringen, wenn sie Kinder unter 6 Jahren haben.

D ~~Das Schaubild zeigt auf, wie viele Stunden und Minuten Paare mit Kindern unter 6 Jahren neben dem Beruf für die Familie aufbringen.~~

E Das Schaubild macht deutlich, wie viele Stunden und Minuten Paare mit Kindern unter 6 Jahren für unterschiedliche Tätigkeiten aufwenden, wenn einmal Mann und Frau erwerbstätig sind und zum anderen nur der Mann erwerbstätig ist.

KOMPETENZBOX

Inhalt eines Schaubildes wiedergeben

VORARBEIT

Schaubild genau betrachten:

→ Aus wie vielen Teilen besteht das Schaubild?

→ Was fällt auf?

→ Worauf beziehen sich die angegebenen Zahlen?

AUFBAU

→ Passende Einleitung schreiben (falls sie verlangt wird)

→ Quelle angeben: Thema des Schaubildes, Erscheinungsort und -zeit

→ Eventuell angeben, aus wie vielen Teilen das Schaubild besteht und worum es in den einzelnen Teilen geht

→ Benennen, woher die Angaben stammen und auf welches Jahr sie sich beziehen

→ Danach das Auffallende, dann das weniger Auffallende erwähnen (Nicht jede Zahl muss genannt werden.)

→ Schluss: kurze Auswertung (längere Auswertung nur, wenn sie verlangt wird)

ZEITFORM

→ Präsens (Gegenwart)

SPRACHE

→ Sachlich

4

Ergänzen Sie die folgenden Sätze mit Inhalten des Schaubildes und trennen Sie die einzelnen Sätze sowie Aufzählungen durch Komma ab.

A Im linken Teil *des Schaubildes* kann man ablesen, *wie viel* Zeit *Mann und Frau* für unterschiedliche Tätigkeiten am Tag *aufwenden, wenn* beide erwerbstätig sind.

B Im rechten *Teil des Schaubildes* wird ersichtlich, *wie viel Zeit Mann und Frau für unterschiedliche Tätigkeiten aufbringen, wenn nur der* Mann erwerbstätig ist.

C Sind *beide Partner* in einem Paarhaushalt erwerbstätig, *gibt es* in zwei Tätigkeitsbereichen große *Unterschiede*.

D Für Sport, Hobbys und den Umgang mit Massenmedien wenden erwerbstätige Partner *etwa gleich viel Zeit auf*.

E Nur geringfügig mehr Zeit investieren erwerbstätige Frauen in *Schlafen, Essen, Körperpflege sowie in das soziale Leben, die Unterhaltung und Kultur*.

F Auffallende Unterschiede zwischen erwerbstätigen Männern und Frauen *gibt es allerdings, wenn* es um die *Erwerbstätigkeit, die Qualifikation und Bildung* zum einen und um die *unbezahlte Arbeit* geht.

G Für Hausarbeit und Kinderbetreuung wenden *Frauen, die* erwerbstätig *sind,* mehr als doppelt *so viel Zeit auf* wie ihre *Partner*.

H Um die vielen Stunden unbezahlter Arbeit *verrichten zu können,* scheinen sie die *Zeit für Erwerbstätigkeit, Qualifikation und Bildung zu verringern*.

I Ist nur der Mann *erwerbstätig, verbringt* die Frau etwa dreimal so viel Zeit *im Haushalt und mit Kinderbetreuung wie der Mann*.

J Es überrascht wenig, *dass Frauen, die* nicht erwerbstätig *sind, etwas* mehr Zeit für *Schlafen, Essen und Körperpflege* in Anspruch nehmen.

5

Bilden Sie mit dem angegebenen Wortstamm Adjektive (Eigenschaftswörter), Substantive (Hauptwörter) oder Verben (Tätigkeitswörter). Schreiben Sie die Substantive groß.

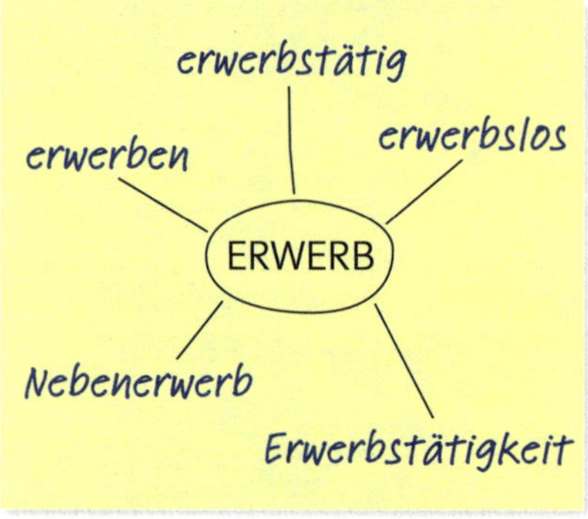

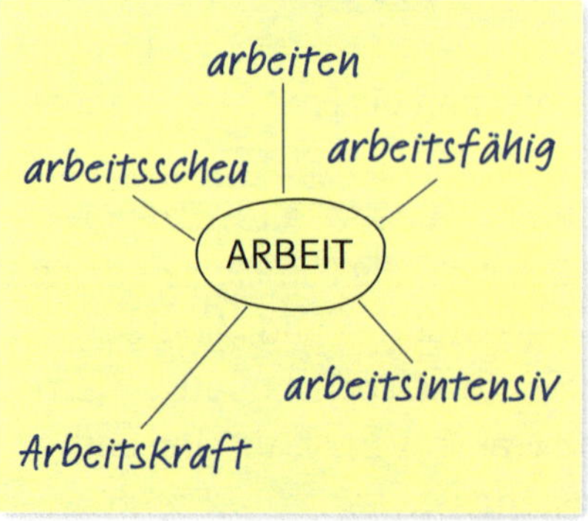

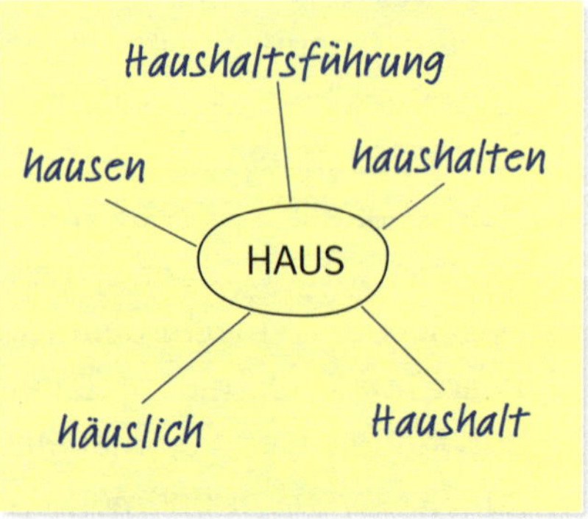

6

Formulieren Sie einen Hauptsatz sowie einen Nebensatz mit „dass". Trennen Sie Haupt- und Nebensatz durch Komma ab.

A In dem Schaubild erkennbar – noch keine Gleichberechtigung in Deutschland bei der Hausarbeit und Kinderbetreuung.
In dem Schaubild ist erkennbar, dass es in Deutschland noch keine Gleichberechtigung bei der Hausarbeit und Kinderbetreuung gibt.

B Deutlich – großer Unterschied im Zeitaufwand für häusliche Arbeit.
Es wird deutlich, dass ein großer Unterschied im Zeitaufwand für häusliche Arbeit besteht.

C Fällt auf – Großteil der unbezahlten Arbeit von Frauen geleistet.
Es fällt auf, dass ein Großteil der unbezahlten Arbeit von Frauen geleistet wird.

D Erwerbstätigkeit der Frau nicht dazu – Lastenverteilung im Haushalt sich ändert.
Eine Erwerbstätigkeit der Frau führt nicht dazu, dass sich die Lastenverteilung im Haushalt ändert.

7 *Individuelle Lösung*

Geben Sie den Inhalt des Schaubildes (siehe S. 15) in einem zusammenhängenden Text wieder.

8

Betrachten Sie das folgende Schaubild genau.

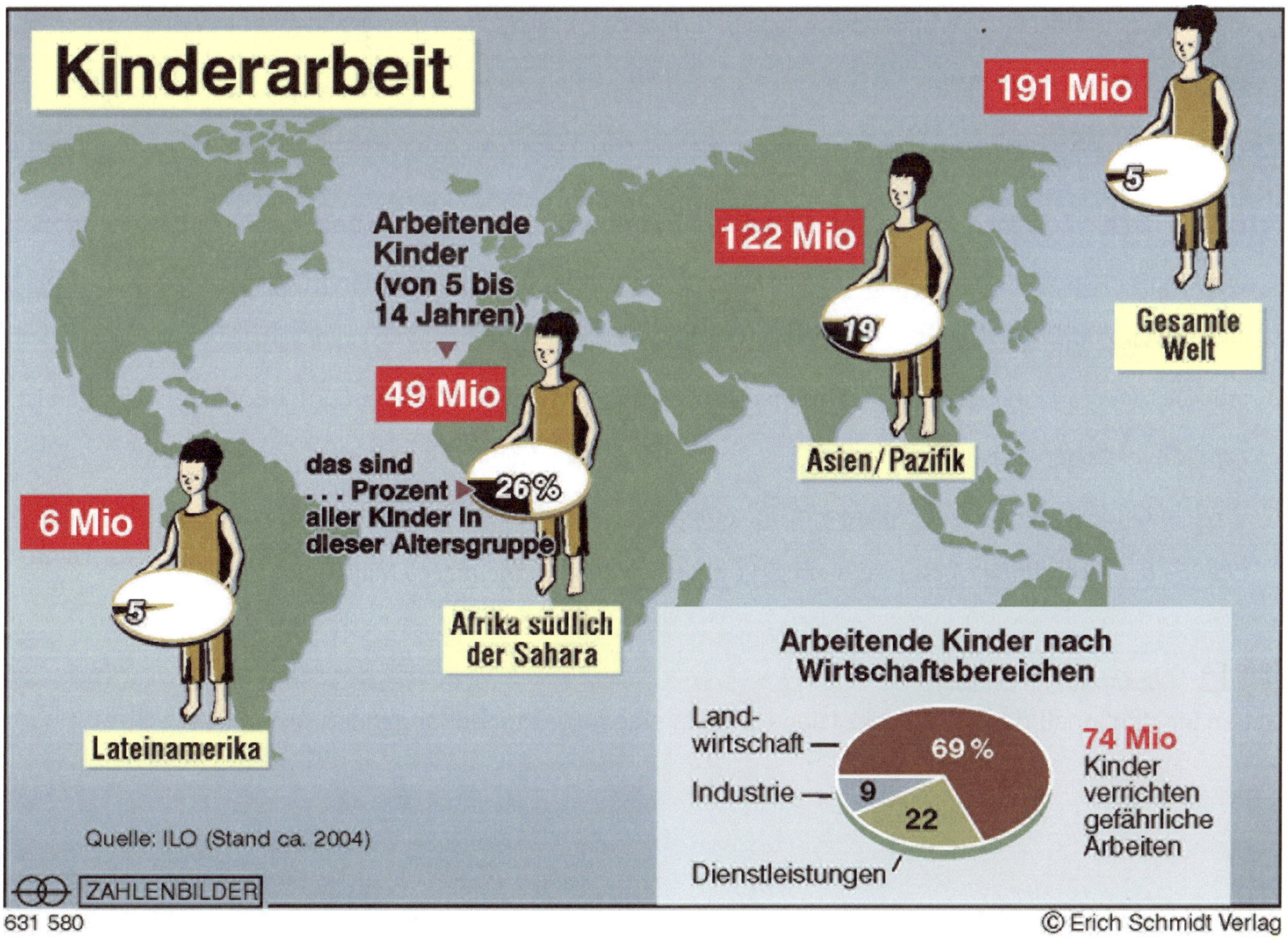

4/2008

ILO – Internationale Arbeitsorganisation (Genf)

9
Vervollständigen Sie die Sätze mit Inhalten des Schaubildes.

A Das Schaubild handelt von _Kinderarbeit_.

B Es wurde vom Erich Schmidt Verlag in der Reihe _Zahlenbilder_ im Jahr 2008 veröffentlicht. Die Zahlenangaben beziehen sich auf _das Jahr 2004_ und stammen von der _Internationalen Arbeitsorganisation (ILO)_ in Genf.

C Das Schaubild besteht aus _zwei Teilen_.

D In dem einen Teil des Schaubildes _wird dargestellt_, wie viele Millionen _Kinder_ im Alter von 5 bis 14 Jahren in drei unterschiedlichen Teilen der Erde und der gesamten Welt _arbeiten müssen_.

E Zugleich wird aufgezeigt, wie viel Prozent _der Kinder_ in den jeweiligen Gebieten _als Arbeitskräfte_ eingesetzt _werden_.

F Die zahlenmäßig größte Gruppe von _Kindern arbeitet in Asien_ und im Pazifikraum, aber den prozentual _größten Teil an Kinderarbeit_ gibt es in Afrika _südlich der Sahara_.

G Im anderen Teil des Schaubildes wird ersichtlich, in welchen _Wirtschaftsbereichen_ die Kinder im Alter _von 5 bis 14 Jahren arbeiten_ und wie viele davon _gefährliche Arbeiten_ verrichten.

H Fast 40 % aller arbeitenden Kinder üben nämlich Tätigkeiten aus, die _als gefährlich gelten_.

I Mehr als zwei Drittel der arbeitenden Kinder ist _in der Landwirtschaft tätig_ und fast ein Viertel _arbeitet im Dienstleistungssektor_.

10
Schreiben Sie die Zahlen in Worten und die substantivierten (wie Hauptwörter benutzten) Zahlwörter groß.

A Weltweit gibt es fast 200 (_zweihundert_) Millionen wirtschaftlich aktive Kinder im Alter zwischen 5 (_fünf_) und 14 (_vierzehn_) Jahren.

B Jedes 4. (_vierte_) Kind arbeitet im südlichen Afrika, d. h., 1/4 (ein _Viertel_) der Fünf- bis Vierzehnjährigen ist zum Mitverdienen gezwungen.

C Obwohl Kinderarbeit in 117 (_einhundertsiebzehn_) Staaten verboten ist, arbeiten von den 5- bis 14-Jährigen (_Fünf- bis Vierzehnjährigen_) weltweit 191 (_einhunderteinundneunzig_) Millionen Kinder.

11 _Individuelle Lösung_
Geben Sie den Inhalt des Schaubildes (siehe S. 17) in einem zusammenhängenden Text wieder.

5 Berichten

1

Lesen Sie den folgenden Auszug aus einem Zeitungsbericht.

BERLIN (DPA)

Am gestrigen Mittwoch wurde auf der „Grünen Woche“ in Berlin unter viel Beifall durch den Marketingleiter eines großen deutschen Lebensmittelkonzerns ein neues Produkt vorgestellt. Es handelte sich hierbei um ein Schnitzel, das in einem Toaster ohne Zugabe von Fett geröstet werden kann. Das Publikum ließ sich bei der Vorführung durch die gereichten Proben davon überzeugen, dass das Schnitzel nicht nur essbar, sondern auch schmackhaft war.

Berliner Wochenpost, 14.02.2008

KOMPETENZBOX

Berichten

Ein Bericht informiert genau über ein Geschehen.

AUFBAU

→ **Beantwortung der W-Fragen:**

Was?
Wer?
Wann?
Wo?
Wie?
Warum?
Welche Folgen?
(Reihenfolge kann verändert werden.)

SPRACHE

→ **Sachlich**
→ **Knapp, aber für Adressaten ausreichend genau**
→ **Fachausdrücke je nach Adressaten erklären**
→ **Beschreibungen einfügen, falls erforderlich**

ZEITFORM

→ **Präteritum (Vergangenheit)**

BESONDERHEITEN

→ **Welche Einzelheiten hervorgehoben werden, hängt davon ab, für wen der Bericht bestimmt ist (Adressatenbezug).**

2

Beantworten Sie die W-Fragen.

a) *Es wurde ein Schnitzel vorgestellt, das in einem Toaster geröstet werden kann.*

b) *Am gestrigen Mittwoch, dem 13. Februar 2008, wurde das Schnitzel vorgestellt.*

c) *Das Ereignis fand auf der „Grünen Woche“ in Berlin statt.*

d) *Der Marketingleiter eines großen deutschen Lebensmittelkonzerns und das Publikum waren an dem Geschehen beteiligt.*

3

Schreiben Sie zu den Stichworten einen kurzen Bericht, in dem Sie folgende Fragen beantworten:

a) Wer war an dem Geschehen beteiligt?
b) Wann und wo fand das Ereignis statt?
c) Was genau passierte und warum passierte es?
d) Welche Folgen hatte das Geschehen?

Stichworte A

- kein Durchkommen auf der Straße
- Popstar Wanda Mear
- tumultartige Szenen nach langem Warten
- gestern Abend
- 6000 Fans vor Hoteleingang
- Ankunft auf dem Hubschrauberlandeplatz hinter dem Hotel „Seven“

Schon Stunden vor der erwarteten Ankunft des Popstars Wanda Mear gestern Abend gab es kein Durchkommen mehr auf den Straßen zum Hotel „Seven“, sodass der Star mit dem Hubschrauber eingeflogen werden musste. Als die 6000 Fans von der heimlichen Landung auf dem Hubschrauberlandeplatz hinter dem Hotel erfuhren, kam es zu tumultartigen Szenen in der unmittelbaren Umgebung des Hotels.

Stichworte B

- Kundin
- kleiner Sohn legt Waren auf das Band
- gestern
- Verwechslung des Einkaufswagens
- abgelenkt durch einen Telefonanruf
- Einkaufszentrum
- Versehen bemerkt beim Einpacken der Waren – Aufregung

In helle Aufregung versetzte gestern eine Kundin im Einkaufszentrum die Kassiererin und die in der Schlange wartende Kundschaft, als sie den Einkaufswagen verwechselte, das Versehen aber erst beim Einpacken bemerkte, da ihr kleiner Sohn die Waren auf das Band gelegt hatte. Sie wurde durch einen Telefonanruf abgelenkt.

4

Markieren Sie die Ausdrücke, die Sie nicht mehr als sachliche Überschriften für einen Bericht gelten lassen würden.

- **A** Lustloses Gekicke lässt einige Zuschauer ausrasten
- **B** Bei harmlosem Roller sieht Keeper alt aus
- **C** Keiner schaute tatenlos zu
- **D** Beherztes Eingreifen verhinderte vermutlich Schlimmeres
- **E** Mit blamablem Gesang auf die vorderen Plätze gerückt

5

Trennen Sie die Datums- und Uhrzeitangabe – wo nötig – durch Komma vom übrigen Satz ab.

- **A** Vor zwei Tagen, am 16. März, um 11:00 Uhr [,] wurde die Halle eingeweiht.
- **B** Der Schüler hat die Prüfung zu Beginn des Sommers, am 20. Juni, um 8:00 Uhr [,] angetreten.
- **C** Morgen, am 3. Oktober, um 19:00 Uhr [,] beginnen die Feierlichkeiten.
- **D** Die Lossprechungsfeier findet in einer Woche, am 20. September, um 18:00 Uhr [,] statt.

6

Setzen Sie die Verben in Klammern in der richtigen Form ins Präteritum (Vergangenheit).

Die Geschichte des Maler- und Lackiererhandwerks

Schon die Wände in den Höhlen von Lascaux wurden mit farbigen Malereien verschönert. Das in Altamira gefundene „Maleratelier" bestätigt, dass diese mehr als 20 000 Jahre alten Malereien mit Pinseln aus Röhrenknochen, in denen Tierhaare steckten, gemalt wurden. Aber erst zu Zeiten der Römer kamen die Wissenschaften, Künste und Handwerksberufe über die Alpen nach Deutschland. Im Mittelalter bemalte man insbesondere Schilder als Stammessymbole. Die „Schilderer", die diese Arbeiten ausführten, sind die Vorfahren der heutigen Maler und Lackierer. Das Handwerkswesen wurde mit der Entstehung der Zünfte geordnet und durch die Entwicklung der Städte entstanden vielfältige Bauvorhaben, die auch die Ausschmückung von Kirchen, Rathäusern und Privatbauten reicher Kaufleute mit Wandmalereien nach sich zogen.

Im 15. Jahrhundert entstand das erste Malerwappen – drei Schilder auf rotem Grund –, später gab es die drei Schilder auf blauem Grund.

Neben den kunsthandwerklichen Wandmalereien, die die Maler ausführten, oblag das Tünchen von Wänden mit Kalk den Maurern, erst später entstand der Beruf des Tünchers und Weißbinders. Aus diesen Berufen entwickelte sich der Beruf des Anstreichers und Dekorationsmalers. Mit der beginnenden Neuzeit wurden die Aufgaben der Maler immer vielfältiger.

Das 19. Jahrhundert brachte nicht nur auf politischem, wirtschaftlichem und sozialem Gebiet einen gewaltigen Umschwung, sondern auch in der Organisation des Handwerks durch Abschaffung der Zünfte.

Erst als 1871 das Neue Reich geschaffen wurde, entstanden anstelle der Zünfte die Innungen als Vereinigungen der Handwerksberufe. Etwas später wurde der deutsche Malerbund gegründet – der heutige Hauptverband des Maler- und Lackiererhandwerks.

Durch den Ersten und Zweiten Weltkrieg hatte das Handwerk schwer zu kämpfen und erlitt große Rückschritte. 1965 wurde die Handwerksordnung novelliert und der Beruf heißt seitdem „Maler und Lackierer".

7

Schreiben Sie einen kurzen Bericht über Maries ersten Arbeitstag. Verwenden Sie folgende Stichworte und ergänzen Sie eigene.

Mein Arbeitstag – am Montagmorgen – Vorstellung in der Abteilung durch die Chefin – Unterlagen für die Besprechung zusammenstellen – Sachbearbeiterin Frau Klaus krankgeschrieben – ihre Arbeit mit erledigen – Ehrgeiz: mir aufgetragene Arbeiten gut machen – Klima in unserem Büro: gut, offen – Chefin wertschätzt meine Arbeit

Mein erster Arbeitstag begann am Montagmorgen damit, dass mich meine Chefin in der Abteilung vorstellte. Ich musste die Unterlagen für die Besprechung zusammenstellen, weil Frau Klaus, die Sachbearbeiterin, krankgeschrieben war. Dass ich ihre Arbeit mit erledigen durfte, steigerte meinen Ehrgeiz, die mir aufgetragene Arbeit ordentlich zu machen. Das Klima in unserem Büro war gut und offen und meine Chefin wertschätzte die Arbeit, die ich verrichtete.

8

Lesen Sie die Erzählung von Heike Bautz.

Ich muss dir sagen, der letzte Samstagabend war schrecklich. Regen, starker Wind, es war kalt und die Sicht miserabel. Unterwegs zu meinem Freund nach Riedern, kurz nach der Kurve, vor der es nach Windorf geht, rennt plötzlich ein zottiges Etwas auf die Straße. Keine Zeit zum Denken. Vollbremsung! Augen zu. Hupe. Der Wagen steht. Zwei Hundeaugen blicken über die Kühlerhaube. Ich erstarre einen Moment. Bevor ich auch nur eine Sekunde überlegen kann, kracht es, mein Wagen ruckt kurz nach vorn, mich reißt es in den Gurt, ich sehe nichts mehr, habe eine Art Brei vor der Nase: den Airbag. Ich rapple mich zusammen, steige aus, der Riesenhund steht immer noch da und hinten in meinem Auto steht ein anderes.

Aus dem etwas kürzer gewordenen Kleinwagen steigt eine ältere Frau aus, sie scheint etwas klarer bei Kopf zu sein, hat ihre Warnblinkanlage schon an und schreit mich an: „Wie können Sie nur bei diesen Sichtverhältnissen auf der Straße anhalten?" „Entschuldigung", sagt ein älterer Herr, bevor ich ihr entgegnen kann, dass sie wohl zu schnell gefahren sei. „Mein Liebster", er meint das Zotteltier, das er jetzt am Halsband hält, „ist mir davongelaufen. Ich habe eine Haftpflichtversicherung. Am besten rufe ich die Polizei. Dann können Sie sich etwas beruhigen." Das war nett …

9

Beantworten Sie die folgenden W-Fragen in wenigen vollständigen Sätzen:

A Was ist geschehen?
Es kam zu einem Auffahrunfall.

B Wer war beteiligt?
Beteiligt waren Heike Bautz, eine ältere Frau, ein älterer Herr und ein Hund.

C Wann ereignete sich der Unfall?
Der Unfall ereignete sich am letzten Samstagabend.

D Wo geschah der Unfall?
Der Unfall ereignete sich auf dem Weg nach Riedern kurz nach der Kurve, vor der es nach Windorf geht.

E Wie ist der Unfall passiert?
Ein Hund lief auf die Straße, sodass Frau Bautz stark bremsen und anhalten musste, weil der Hund nicht von der Straße wich. Dabei fuhr eine ältere Frau mit ihrem Kleinwagen hinten auf.

F Warum konnte es zu dem Unfall kommen?
Zu dem Unfall konnte es kommen, weil die ältere Frau mit überhöhter Geschwindigkeit unterwegs war.

G Welche Folgen hatte der Unfall?
Der Wagen der älteren Frau war im Frontteil stark beschädigt. Niemand wurde verletzt.

10

Trennen Sie Haupt- und Gliedsatz durch Komma voneinander ab.

A Frau Bautz war an einem Samstag unterwegs, weil sie ihren Freund besuchen wollte.
B Sie fuhr auf einer Landstraße, von der ein Feldweg abbog.
C Weil ein Hund auf die Straße lief, musste sie plötzlich bremsen.
D Der Hund war so erschrocken, dass er auf der Straße stehen blieb.
E Da sie mit überhöhter Geschwindigkeit unterwegs war, konnte Frau Müller nicht rechtzeitig bremsen.
F Sie fuhr mit solcher Wucht auf das Fahrzeug von Frau Bautz auf, dass sich der Airbag öffnete.

G Glücklicherweise waren beide Fahrerinnen angeschnallt, sodass sie unverletzt blieben.
H Noch während sie aus ihrem Auto ausstieg, fing Frau Müller an zu schimpfen.

11 *Individuelle Lösung*
Verfassen Sie einen Unfallbericht
a) für die Kfz-Haftpflichtversicherung anhand der Angaben von Heike Bautz oder
b) für die Hundehalterhaftpflichtversicherung aus der Perspektive des Hundehalters.

12
a) Lesen Sie den folgenden Text.

Kino-Double

Am 29. März 2008 war ich, Bea, mit meinem Freund Tom in der Abendvorstellung um 21:00 Uhr im Kino „Capitol" in Essen. Wir wollten uns „Herr der Ringe" anschauen. Weil ich wusste, dass der Film so lang ist, beschloss ich, während der Werbung noch schnell zur Toilette zu gehen. Es hatten wohl viele diesen Gedanken, denn es war tierisch voll. Als ich dann nach endlosem Warten zurückkam, lief schon der Vorspann. Im Dunkeln stolperte ich die Treppen hoch, schaute nur flüchtig auf die Nummerierung der Reihen und fand dann meinen Platz. Ich ließ mich auf den freien Sitz fallen und rutschte erleichtert tiefer in den Kinosessel. Ich griff nach der Popcorntüte und futterte genüsslich und nippte an der Cola, die zwischen den Sitzen stand. Dann flüsterte ich meinem Freund ins Ohr, dass es auf der Toilette so voll gewesen sei und zudem ziemlich schmuddelig und miefig. Die Antwort kam prompt: „Vielleicht kriegste an der Kasse einen Putzeimer und Scheuermittel. Popcorn und Cola gibt's da übrigens auch." Ich kam aus meinem Sessel hoch, starrte den Typen neben mir verwundert an. Das war nicht mein Tom. Ich hatte im Dunkeln neben einem Jungen Platz genommen, der so ähnlich aussah wie er. Peinlich kichernd entschuldigte ich mich und nahm einen zweiten Anlauf, meinen Freund zu finden. Er hatte das Ganze von seinem Platz zwei Reihen höher beobachtet und amüsierte sich köstlich über die Geschichte mit seinem „Kino-Double". In den nächsten zwei Wochen musste er jedem davon erzählen und konnte gar nicht aufhören zu lachen.

b) Beantworten Sie die W-Fragen stichwortartig.
Wer: Bea, ihr Freund Tom und ein weiterer Kinobesucher
Was: Verwechslung der Sitzreihen und des Freundes
Wann: Am 29. März 2008, um 21:00 Uhr
Wo: Im Kino Capitol in Essen
Wie: Im Dunkeln nach dem Besuch der Toilette
Warum: Aus Flüchtigkeit die Nummerierung der Reihen nicht beachtet
Welche Folgen: Für Bea war der Vorfall sehr peinlich, für ihren Freund und das Verwechslungsopfer amüsant.

c) *Individuelle Lösung*
Schreiben Sie den Text in einen Bericht um.

6 Protokollieren

1

Situation:

Am Mittwoch, dem 12.03.2008, diskutierte die Klasse BK 1C des Käthe-Kollwitz-Berufskollegs in Hürth im Politikunterricht über das Thema „Sollen jugendliche Straftäter härter bestraft werden?". Als Diskussionsleiterin meldete sich Ina Brandin und für das Protokoll ließ sich Andreas Wieser gewinnen. Um 11:30 Uhr eröffnete Ina die Diskussion.

Vervollständigen Sie mit diesen Angaben den Kopf für ein Stundenprotokoll.

Protokoll einer Diskussion im Politikunterricht

Ort:	Hürth
Datum:	12.03.2008
Beginn:	11:30 Uhr
Teilnehmer/innen:	Klasse BK 1C
Leiterin:	Ina Brandin
Protokollant:	Andreas Wieser
Diskussionsthema:	Sollen jugendliche Straftäter härter bestraft werden?

KOMPETENZBOX

Protokollieren

VORARBEIT

→ Anwesenheitsliste vorbereiten

AUFBAU

→ Anlass des Protokolls
→ Ort
→ Datum
→ Beginn
→ Teilnehmer/innen
→ Leiter/in
→ Protokollant/in
→ Tagesordnung
→ Ergebnisse und wesentliche Beiträge entsprechend der Tagesordnung zusammenfassen
→ Die verabredeten Beschlüsse und Zeiten notieren
→ Ende mit Uhrzeit und Unterschriften (Leiter/in und Protokollant/in)

ZEITFORM

→ Präteritum

SPRACHE

→ Sachlich, genau
→ Vollständige Sätze
→ Indirekte Rede bei der Wiedergabe von Redebeiträgen (*Es wurde betont, dass es notwendig sei ...*)

BESONDERHEITEN

→ Anträge wörtlich zitieren
→ Bei Diskussionen kurz die verschiedenen Standpunkte wiedergeben
→ Anlagen beifügen

2

Schreiben Sie die Substantive (Hauptwörter) und Substantivierungen (zu Hauptwörtern gewordenen anderen Wortarten) groß.

A Die langzeitwirkung ist gering, wenn man nur mit strafen reagiert.
Die Langzeitwirkung ist gering, wenn man nur mit Strafen reagiert.

B Bereits 9-jährige können in england bestraft werden.
Bereits 9-Jährige können in England bestraft werden.

C Kritisiert wird das bestrafen ohne begleitende maßnahmen.
Kritisiert wird das Bestrafen ohne begleitende Maßnahmen.

D Allein durch das verschärfen der strafen gehen die straftaten nicht zurück.
Allein durch das Verschärfen der Strafen gehen die Straftaten nicht zurück.

E Beim verlassen des hauses müssen manche jugendliche in begleitung der mutter sein.
Beim Verlassen des Hauses müssen manche Jugendliche in Begleitung der Mutter sein.

3

Formulieren Sie die folgenden Aussagen in indirekte Rede um und verwenden Sie die richtigen Verbformen. Setzen Sie einen einleitenden Satz davor, z. B. *Ina sagte, …*

A

Ina: „Der Hintergrund für unsere Diskussion ist die Tatsache, dass Zeitungen fast täglich neue Gewalttaten von Jugendlichen melden und manche Politikerinnen und Politiker nach härteren Strafen rufen. Nach einem 2003 verabschiedeten Gesetz können in England zum Beispiel Gemeinden durch das Bezirksgericht Strafen gegen Jugendliche verhängen, die älter als neun Jahre sind."

Ina sagte, der Hintergrund für die Diskussion sei die Tatsache, dass Zeitungen fast täglich neue Gewalttaten von Jugendlichen meldeten und manche Politikerinnen und Politiker nach härteren Strafen riefen. Nach einem 2003 verabschiedeten Gesetz könnten in England zum Beispiel Gemeinden durch das Bezirksgericht Strafen gegen Jugendliche verhängen, die älter als neun Jahre seien.

wäre/sei – melden/meldeten – riefen/rüfen – könnten/können verhängen – wären/seien

B

Lutz: „Davon habe ich auch gehört. Da werden ständig neue Strafmandate verhängt, sogar gegen Jugendliche, die Kapuzenpullis tragen."

Lutz sagte, davon habe er auch gehört. Da würden ständig neue Strafmandate verhängt, sogar gegen Jugendliche, die Kapuzenpullis trügen.

habe/hätte – werden/würden verhängt – trugen/trügen

4

Fassen Sie die folgenden Redebeiträge für ein Protokoll zusammen. Sie können die Zusammenfassung so strukturieren:

Von manchen wurde das Handyverbot auf dem Schulhof unterstützt, weil ein solches Verbot gewährleistet, dass
- kein Missbrauch getrieben wird,
- die Leute lernen, auf andere Menschen Rücksicht zu nehmen.

Andere lehnten das Handyverbot auf dem Schulhof ab, weil
- sie ein solches Verbot für übertrieben und nicht kontrollierbar halten,
- sie manchmal auch den Chef anrufen müssen,
- sie sich in ihrer Freiheit an der Schule eingeschränkt fühlen.

A Tim: „Also, dass bei uns jetzt Handyverbot auf dem ganzen Schulhof gilt, halte ich für übertrieben."

B Ina: „Dennoch muss gewährleistet sein, dass niemand jemand anderen mit einem Handy filmt und diese Bilder ins Netz stellt."

C Mike: „Wie willst du das denn kontrollieren?"

D Cigdem: „Gerade deshalb muss das Handy verboten sein."

E Fahid: „Dass Jugendliche heute ein Handy bei sich haben, ist doch selbstverständlich. Ich muss in der Pause auch mal meinen Chef anrufen, ob ich nachmittags noch arbeiten muss."

F Alexandra: „Das ist doch Quatsch, wenn du das am Tag vorher nicht weißt, musst du doch deinen Chef nicht fragen. Du telefonierst doch nur mit deiner Freundin und das kannst du auch nach der Schule. Um den Missbrauch zu vermeiden, finde ich das Verbot o. k."

G Linus: „So wird uns auch mal deutlich, wie viele blödsinnige Gespräche wir den Tag über führen."

H Özlem: „Für mich ist das kein Problem. Ich habe eh kein Geld, um meine Karte aufzuladen. Ich telefoniere von zu Hause im Festnetz mit meinem Freund."

I Claus: „Ich bin eigentlich schon aus Prinzip dagegen, mit Verboten in der Schule zu reagieren. Ich will mich hier frei bewegen."

J Karim: „Ja, du Schlaumeier, und wo lernt man denn, dass man mal Rücksicht nehmen und sich an Vorgaben halten muss, wenn nicht in der Schule? Viele von uns dürfen zu Hause alles, tanzen den Erwachsenen auf dem Kopf herum und werden in der Schule unverschämt. Gerade die müssen mal lernen, sich zu kontrollieren."

AURA (Emmanuel Ammon), Luzern

KOMPETENZBOX

Personen beschreiben

VORARBEIT

→ Person genau betrachten

AUFBAU

→ Allgemeine Angaben zur Person (z. B. Mann, Frau, Kind, Comicfigur) machen

→ Gestalt, Kopf, Kleidung, Art der Bewegung beschreiben

→ Besondere Merkmale nennen

ZEITFORM

→ Präsens (Gegenwart)

SPRACHE

→ Sachlich, genau

1

a) Ergänzen Sie in der folgenden Beschreibung die fehlenden Textteile.

b) Bringen Sie die Beschreibung in die richtige Reihenfolge.

2 Sein Körperbau ist athletisch, seine Körperhaltung ist locker und entspannt.

6 Am linken Unterarm hat er deutliche Kratzspuren. Am linken Ohr *sieht man einen großen Ohrring*.

5 Der junge Mann ist bekleidet mit *Bluejeans, mit einem breiten Ledergürtel und einem ärmellosen Netzhemd. Über der rechten Schulter hat er eine Jacke hängen, die er mit der linken Hand festhält*.

3 Der junge Mann hat ein ovales Gesicht mit ausgeprägten Wangenknochen. Die Augen sind schmal geschnitten, mit dichten Augenbrauen darüber. Er hat eine große, breite Nase und volle Lippen, wobei zwischen Oberlippe und Nase nur ein geringer Abstand ist. Da er lacht, sieht man seine oberen Zähne, die etwas auseinanderstehen. Sein Kinn ist ebenfalls relativ breit und ausgeprägt.

4 Seine Haare sind *millimeterkurz geschnitten* und er trägt einen Dreitagebart.

1 Bei der Person auf dem Foto handelt es sich *um einen jungen Mann Anfang 20, dem eine Ratte auf der Schulter sitzt*.

2

Trennen Sie die folgenden Aufzählungen durch Kommas, außer wenn sie durch „und" oder „oder" verbunden sind.

Sie sieht einfach toll aus mit ihren langen Haaren, ihren großen blauen Augen, ihrem fein geschnittenen Gesicht und ihrer makellosen Haut. Diese ist im Sommer meistens leicht gebräunt, glänzend durch die Sonnencreme und manchmal trotzdem leicht gerötet. Sie achtet besonders auf Körperpflege, geputzte Zähne, gepflegte Hände und eine gute Figur. Deshalb isst sie ballastreiche Kost, wenig Fett, wenig Süßigkeiten und trinkt kaum Alkohol. Außerdem fährt sie Rad, spielt Volleyball und hat sogar schon bei einem Marathonlauf mitgemacht. Sie sitzt nie zu lange vor dem Computer, macht zwischendurch Gymnastik oder eine längere Pause.

3 *Individuelle Lösung*

a) Markieren Sie die Eigenschaften, die auf Sie besonders zutreffen.

b) Unterstreichen Sie die Eigenschaften, die Sie verändern möchten.

aggressiv, aktiv, angepasst, ängstlich, anpassungsfähig, anspruchslos, anständig, aufgeschlossen, ausgeglichen, bedächtig, begeisterungsfähig, beherrschend, bequem, bescheiden, besonnen, charmant, cool, deprimiert, dickköpfig, diplomatisch, draufgängerisch, egoistisch, ehrgeizig, ehrlich, eigenständig, eigenwillig, einfühlsam, einsichtig, eitel, empfindlich, engstirnig, entgegenkommend, entscheidungsfreudig, entschlossen, ernst, fair, falsch, fantasievoll, feindselig, fleißig, freundlich, fröhlich, geduldig, gefühlvoll, geizig, gelassen, geltungsbedürftig, gerecht, gesellig, gesprächig, großzügig, hartnäckig, hilfsbereit, höflich, humorvoll, impulsiv, intelligent, interessiert, jähzornig, kameradschaftlich, kleinlich, kompromissbereit, konsequent, kontaktfreudig, kooperativ, kreativ, kritisch, launisch, lebenslustig, leichtsinnig, locker, lustig, misstrauisch, mitfühlend, modebewusst, musikalisch, mutig, nachdenklich, nachlässig, nachtragend, nervös, neugierig, offen, optimistisch, ordentlich, passiv, pessimistisch, pingelig, pünktlich, realistisch, rechthaberisch, redegewandt, reizbar, religiös, reserviert, rücksichtslos, rücksichtsvoll, sachlich, scheu, schlagfertig, schlau, schüchtern, selbstsicher, sentimental, sorglos, sparsam, spielerisch, sportlich, still, strebsam, stur, sympathisch, taktlos, taktvoll, temperamentvoll, tolerant, träumerisch, treu, überheblich, umweltbewusst, ungeduldig, unsicher, unterhaltsam, unvernünftig, unzufrieden, verantwortungsvoll, vergesslich, verletzlich, vermittelnd, verschlossen, verschwenderisch, verschwiegen, verspielt, verständnisvoll, verträglich, vertrauensselig, verträumt, vielseitig, vorlaut, vorsichtig, wählerisch, wahrheitsliebend, weichherzig, wissbegierig, witzig, wortkarg, zärtlich, zerstreut, zielstrebig, zuverlässig, zuversichtlich

4 *Individuelle Lösung*

Beschreiben Sie, welche Eigenschaften ein Mensch Ihrer Meinung nach hat, der

a) beliebt ist.

____

____

b) als cool gilt.

____

____

c) sympathisch wirkt.

____

____

5

Setzen Sie die Adjektive (Eigenschaftswörter) passend in die Lücken ein und schreiben Sie sie mit kleinen Anfangsbuchstaben.

blendend – breit – cool – dunkel – eigenwillig – gut – kurz – lässig – luftig – modisch – nackt – neu – neugierig – offen – pflegeleicht – sportlich – unangepasst – warm – zerkratzt – zerrissen

Wie er so *lässig* dasteht, wirkt er ausgesprochen *cool*. Er scheint *eigenwillig* und *unangepasst* zu sein. Sein *breites* und *offen* wirkendes Lachen zeigt, dass er *gut* drauf ist und *blendende* Laune hat. Die *dunklen* Haare sind *kurz* geschnitten, *modisch* und *pflegeleicht*. Die Ratte auf seiner Schulter streckt ihren Kopf *neugierig* in die Gegend und scheint sich ebenfalls wohlzufühlen. An seinem Körperbau lässt sich erkennen, dass er sich *sportlich* betätigt. Sein linker Unterarm ist ziemlich *zerkratzt*, aber das scheint ihn nicht zu stören. Der Ledergürtel um seine Hüfte sieht aus, als ob er nicht mehr ganz *neu* wäre, genauso wie die Jeans, die an einer Stelle schon *zerrissen* sind. Sein bis auf ein Netzhemd *nackter* Oberkörper lässt vermuten, dass es *warm* ist und eine so *luftige* Oberbekleidung ausreicht.

6 *Individuelle Lösung*

Beschreiben Sie eine Person, die Sie gerne mögen.

7

a) Nummerieren Sie die Sätze so, dass ein sinnvoller zeitlicher Ablauf beschrieben wird.

- 3 Der Untergrund sollte eben und stabil sein, damit der Wagenheber nicht einsinkt oder wegrutscht.
- 5 Der Wagen wird so weit aufgebockt, bis das Rad mit dem Reifen nicht mehr auf dem Boden aufsitzt.
- 1 Wollen Sie einen Radwechsel selbst vornehmen, können Sie natürlich Geld sparen.
- 6 Danach können Sie beginnen, die Schrauben zu lockern.
- 2 Suchen Sie sich einen geeigneten Platz, wo Sie den Radwechsel gefahrlos durchführen können.
- 7 Die Muttern legen Sie auf eine saubere Fläche und ziehen das Rad mit dem Reifen ab.
- 4 Um das Auto nicht zu beschädigen, muss der Wagenheber in den dafür vorgesehenen Aufnahmen platziert werden.
- 8 Mit einer Kreide markieren Sie auf dem Reifen die Position des Rades (z. B. HL = hinten links), damit Sie das Rad mit dem Reifen bei einem erneuten Wechsel wieder an der gleichen Stelle aufmontieren können.

b) Finden Sie eine Überschrift für diesen Vorgang.

Radwechsel selbst vornehmen

8

a) Lesen Sie den folgenden Text.
b) Formulieren Sie eine Überschrift.

Messung der Profilhöhe des Reifens

~~Sie werden wissen, dass Reifen ein ausreichendes Profil haben müssen, damit eine angemessene Sicherheit gewährleistet ist. Schauen Sie sich nun eine Ein-Euro-Münze an. Sie hat außen einen goldenen Rand, innen ist sie silberfarben. Um jederzeit und überall festzustellen, ob das Profil Ihrer Reifen noch in Ordnung ist, nehmen Sie eine Ein-Euro-Münze mit den Fingerspitzen in die Hand, sodass sie zur Hälfte noch sichtbar ist, und~~ stecken Sie die Münze in die Profilrinne. ~~Sehen Sie nun genau hin:~~ Ist der Goldrand an der eingesteckten Stelle nicht mehr sichtbar, verfügt der Reifen~~, an dem Sie die Probe vorgenommen haben,~~ noch über genügend Profil. ~~Sie müssen diesen Reifen also noch nicht erneuern.~~

c) Streichen Sie alle Teile des Textes, die nicht nötig sind, um über das Ziel des Textes (siehe Überschrift) zu informieren.

9

Entscheiden Sie, wo Sie Kommas setzen müssen, weil es sich um eine Aufzählung handelt.

- **A** Das Profil ist tief gerillt, seltsam unregelmäßig in der Struktur.
- **B** Die Oberfläche ist ungewöhnlich glatt geschliffen.
- **C** Die Seite ist gelungen konzipiert, übersichtlich angeordnet, informativ, auf das Wesentliche beschränkt, farblich ansprechend gestaltet.
- **D** Das Gemisch muss leicht, luftig, locker sein.
- **E** Ungeeignet sind grobkörnige, harte und verfestigte zusätzliche Stoffe.
- **F** Beliebt ist das gefüllte, mit kleinen Obststückchen versehene Gebäck.

10 *Individuelle Lösung*

Veranschaulichen Sie die Bedeutung dieser Wörter jeweils in einer Skizze.

- **A** Rand – Umrandung – Einfassung – Rahmen
- **B** Kante – Ecke – Winkel – Spitze
- **C** rund – rundlich – abgerundet – entschärft
- **D** füllen – auffüllen – einfüllen – abfüllen

8 Sich informieren

1

Notieren Sie, welches Medium Sie jeweils zur Lösung des Problems nutzen würden.

A Angenommen, Sie fliegen am nächsten Morgen nach Barcelona in den Urlaub und wollen wissen, wie das Wetter dort ist.
Teletext, Internet

B Sie möchten erfahren, was sich am vergangenen Tag politisch ereignet hat.
Tageszeitung, Fernseher, Radio, Internet

C Sie sind Hobbygärtner/in und wollen wissen, was man zu einer bestimmten Jahreszeit alles pflanzen kann.
Fachbuch, Internet

D Sie müssen in Gemeinschaftskunde ein Referat über den Bundestag halten und wollen sich deshalb darüber informieren, welche Aufgaben er hat.
Internet, Informationsmaterial, Fachbuch, Grundgesetz

E Sie besitzen Aktien einer großen Firma und wollen wissen, ob ihr Wert gestiegen oder gefallen ist.
Tageszeitung, Fachzeitschrift, Internet

F Angenommen, Sie wohnen im Rheintal. Der Rhein hat in der Nacht Hochwasser geführt und Sie wollen wissen, ob die Straße, die Sie zur Arbeit fahren müssen, überflutet oder befahrbar ist.
Telefon (Anruf bei THW, Polizei oder Feuerwehr)

G Sie wollen wissen, ob Sie am nächsten Tag von den Wetterbedingungen her eine Grillparty in Ihrem Garten veranstalten können.
Radio, Tageszeitung, Fernsehen, Internet

H Sie müssen in der nächsten Woche eine Präsentation in Technologie halten und möchten sich zum Thema informieren.
Fachbuch, Fachzeitschrift, Internet

2

Bilden Sie aus den Silben Substantive (Hauptwörter) und setzen Sie diese passend in den Text ein. Schreiben Sie die Anfangsbuchstaben groß.

bel · bin · bü · cher · com · dig · dung · ge · gen · in · ka · keit · mil · lio · nal · nen · nets · pa · per · pier · pro · pu · schwin · so · ter · ters · tun · ver · zei · zess

Der Weg zur Informationsgesellschaft

Überlegt man sich, wie lange die Entwicklung zur Informationsgesellschaft überhaupt gedauert hat, ist man überrascht, wie schnell sich das Informationskarussell jetzt dreht – und das immer noch schneller. Bis das *Papier* seinen Weg von China nach Deutschland gefunden hatte, vergingen 1300 Jahre. Gedruckte Medien wie *Bücher* und *Zeitungen* waren ein großer Fortschritt, denn nun konnten sich viele Menschen über verschiedene Themen informieren. Mit der *Kabelverbindung* zwischen Europa und Amerika, die Anfang des 20. Jahrhunderts gelegt wurde, wurde die Welt noch „kleiner", weil auf diese Weise mit vorher nicht gekannter *Geschwindigkeit* Informationen übermittelt werden konnten. Durch die Erfindung des *Personalcomputers* und des *Internets* beschleunigt sich dieser *Prozess* immer mehr, bedenkt man, dass im Jahr 1969 erst vier Computer miteinander vernetzt waren und es jetzt viele *Millionen* sind.

3

a) Ordnen Sie die grammatischen Begriffe *Adjektiv, Adverb, Apposition, Attribut* den Erklärungen richtig zu.

b) Notieren Sie das passende Beispiel (siehe unten) jeweils unter dem Begriff.

A

Erklärung

Beifügung im gleichen Fall wie das Bezugswort; die A. und das Substantiv (Hauptwort), auf das sie sich bezieht, sind gegenseitig ersetzbar.

Begriff: Apposition

Beispiel: Berlin, die Hauptstadt Deutschlands, ist das Zentrum dieser Bewegung.

B

Erklärung

Beifügung, Teil eines Satzgliedes, das kein Verb (Tätigkeitswort) ist; das A. dient dazu, Personen, Sachen, Eigenschaften oder Umstände näher zu bezeichnen und bestimmte Merkmale herauszustellen.

Begriff: Attribut

Beispiel: Das ist ein interessanter Beruf.

C

Erklärung

Abgeleitet aus dem Lateinischen, wörtlich übersetzt das „Dazugeworfene", „Beigefügte"; im Deutschen Artwort, Beiwort oder meist Eigenschaftswort genannt. Das A. ist die drittgrößte Wortart in der deutschen Sprache. Es bezeichnet Merkmale, kann gesteigert und dekliniert (gebeugt) werden wie ein Substantiv (Hauptwort).

Begriff: Adjektiv

Beispiel: Sie ist jung und schön.

D

Erklärung

Die wörtliche Übersetzung aus dem Lateinischen lautet: „zum Verb" (Tätigkeitswort), im Deutschen Umstandswort genannt. Das A. gehört zu einer relativ begrenzten Anzahl von Wörtern, die nicht veränderbar sind.

Begriff: Adverb

Beispiel: Dort findet heute das Konzert statt.

» BEISPIELE:

- Das ist ein **interessanter** Beruf.
- Berlin, **die Hauptstadt Deutschlands**, ist das Zentrum dieser Bewegung.
- **Dort** findet **heute** das Konzert statt.
- Sie ist **jung** und **schön**.

4

Lesen Sie jeweils den Text und beantworten Sie die Frage dazu.

A

Die Pronomen (wörtliche Übersetzung aus dem Lateinischen: „für" + „Name"), Fürwörter, sind Begleiter oder Vertreter von Substantiven (Hauptwörtern). Man kann sie deklinieren (beugen), aber nicht steigern wie Adjektive (Eigenschaftswörter).

Beispiele: *du, dieser, seine, jemand*

Frage: Was unterscheidet Pronomen von Adverbien (Umstandswörtern, siehe Aufgabe 3)?

Im Gegensatz zu Pronomen können Adverbien nicht verändert werden.

B

Die Präpositionen (wörtliche Übersetzung aus dem Lateinischen: „die Vorangestellten"), Verhältniswörter, kann man nicht flektieren (beugen), sie erfordern, dass der folgende Ausdruck in einem bestimmten Kasus (Fall) steht.

Beispiel: *Er wartet* ***auf*** *dem Parkplatz.*

Frage: Welche Gemeinsamkeiten haben Präpositionen und Adverbien (Umstandswörter, siehe Aufgabe 3)?

Adverbien und Präpositionen können nicht verändert werden.

C

Die Konjunktionen (wörtliche Übersetzung aus dem Lateinischen: „die Verbindungen"), Bindewörter, können nicht flektiert (gebeugt) werden. Nach ihnen muss kein bestimmter Kasus (Fall) folgen, sie

können Nebensätze und Infinitivgruppen einleiten oder einen Zusammenhang zwischen verbundenen Redeteilen aufzeigen.
Beispiele: *Ich verstehe, **dass** dir das gefällt. Mutter **und** Tochter.*
Frage: Was unterscheidet eine Konjunktion von einer Präposition (Verhältniswort)?
Nach einer Konjunktion muss kein bestimmter Fall stehen. Eine Präposition verlangt aber, dass der folgende Ausdruck in einem bestimmten Fall steht.

D

Die Konjunktive (wörtliche Übersetzung aus dem Lateinischen: „die verbindende Aussageweise"), Möglichkeitsformen, drücken aus, dass eine Äußerung nur eingeschränkt gelten soll.
Der Konjunktiv I („Präsens") zeigt an, dass das Gesagte im Augenblick des Redens nur aus einer anderen Redesituation „vermittelt" wird.
Beispiel: *Marie hat ihre Teilnahme am Treffen abgesagt, sie **sei** krank und **könne** das Haus nicht verlassen.*
Sind die Formen des Konjunktivs I als solche nicht eindeutig erkennbar, benutzt man die Formen des Konjunktivs II („Präteritum").
Beispiel: *Die Teilnehmer versichern, sie [haben (Konjunktiv I) →] **hätten** ihre Anmeldung fristgerecht abgeschickt.*

Mit dem Konjunktiv II zeigt man an, dass man den Inhalt einer Aussage nur als „gedacht" verstanden wissen will. Das, was man sagt, wird ausdrücklich nicht auf einen Sachverhalt in der Wirklichkeit bezogen.
Beispiel: *Leon **wäre** gerne früher **gekommen**, aber er hatte noch andere Termine.*
Ist die Form des Konjunktivs II mit der Form des Indikativs (Wirklichkeitsform) identisch, benutzt man häufig die Umschreibung mit „würde".
Beispiel: *Ich [stellte Ihnen gerne meine Materialien zur Verfügung →] **würde** Ihnen gerne meine Materialien zur Verfügung **stellen**.*
Frage: In welchen Situationen benutzt man Konjunktiv I, in welchen Konjunktiv II?
Konjunktiv I verwendet man, wenn das Gesagte nur vermittelt wird und nicht vom Redenden selbst stammt.
Konjunktiv II drückt Irreales aus, man will den Inhalt einer Sache nur als „gedacht" verstanden wissen.
Man verwendet den Konjunktiv II auch dann, wenn die Formen des Konjunktivs I nicht eindeutig als Konjunktiv erkennbar sind.

5

Kennzeichnen Sie die Textteile, die Sie wörtlich aus dem Lexikon-Artikel übernehmen, mit Anführungszeichen.

Artikel	Beispiel für das Zitieren
Allgemeine Charakteristik der Formelemente. Das System der Bildung und geregelten Veränderung der Verbformen nennt man *Konjugation* (lat. *coniugatio* ‚Zusammenfügung', ‚Verbindung'). Kleine Enzyklopädie. Deutsche Sprache. Bibliographisches Institut. Leipzig 1983, S. 151	*Die Konjugation (Beugung) wird in dem Lexikon-Artikel als „System der Bildung und geregelten Veränderung der Verbformen" bezeichnet.*

Artikel	Zitieren
(3) Der *Imperativ* zeigt an, dass ein durch das Verb bezeichnetes Geschehen verwirklicht werden soll. Singular- und Pluralform beziehen sich jeweils auf den oder die Angesprochenen (*Komm!* ‚du sollst kommen' – *Kommt!* ‚ihr sollt kommen'). Kleine Enzyklopädie. Deutsche Sprache. Bibliographisches Institut. Leipzig 1983, S. 150	Den Imperativ (die Befehlsform) gibt es in der Einzahl (im Singular) und in der Mehrzahl (im Plural). Die Formen „beziehen sich jeweils auf den oder die Angesprochenen". Als Beispiel wird in der Enzyklopädie „komm" und „kommt" genannt.

9 Reden und vortragen

1

Ordnen Sie jedem Redeanlass einen geeigneten Inhalt zu.

Inhalt

A Information über Sachverhalte
B Danksagung an Ausbilder/in
C Humorvoller Rückblick auf gemeinsam Erlebtes
D Humorvoller Rückblick auf gemeinsame Schulzeit
E Argumentation zur Verbesserung der Sanitäranlagen in der Schule
F Information über Arbeitsergebnisse

Redeanlässe

1 Hochzeit des besten Freundes
2 Referat
3 Lossprechungsfeier
4 Gruppensitzung im Unterricht
5 SV-Sitzung
6 Zeugnisausgabe in der Berufsschule

A 2; B 3; C 1; D 6; E 5; F 4

2 *Individuelle Lösung*

a) Lesen Sie den Text und erstellen Sie einen Stichwortzettel.

b) Tragen Sie den Inhalt mithilfe des Stichwortzettels vor.

Das Wort „Glück" wird vom mittelniederdeutschen „gelucke" (ab 12. Jahrhundert) bzw. dem mittelhochdeutschen „gelücke" abgeleitet. Beide Formen gehen auf das Verb „gelingen" zurück, das sich wiederum von „leicht" ableitet. Glück ist demnach ursprünglich also das Gelungene, das leicht Erreichte oder der günstige Ausgang eines Ereignisses. Dieses Ziel musste nicht durch Talent oder Ähnliches erreicht werden, sondern wurde ohne Leistung beziehungsweise eigenes Zutun erreicht. „Glück haben" in diesem Sinne bedeutet, entweder schicksalhaft oder durch ein unvorhersehbares Ereignis begünstigt zu sein. Beispiele umfassen den Gewinn beim Lotto, Roulette oder einem sonstigen Glücksspiel. Im Englischen wird hier in der Wortbedeutung sauber getrennt. So gibt es das Wort „lucky" (Glück haben) und das Wort „happy" (glücklich sein).
Eine Glückssträhne nennt der Volksmund eine Aneinanderreihung mehrerer positiver Erlebnisse. Die Glückssträhne wird, wie der Wortursprung „Glück" andeutet, dem (glücklichen) Zufall zugeschrieben, auch wenn sie in vielen Fällen das absehbare Ergebnis harter Arbeit und nur die zeitliche Nähe Zufall ist.
Das Empfinden von Glück ist sowohl ein Gefühl als auch ein Zustand, in dem sich eine Person befindet und der sich durch ein allgemeines, oft unbewusstes Wohlbefinden auszeichnet. Entscheidend sind dabei nicht die objektiven Tatsachen, sondern das subjektive Erleben der betreffenden Person.

Nach: www.wikipedia.org, Stichwort „Glück", abgerufen am 18.02.2008

KOMPETENZBOX

METHODE STICHWORTZETTEL

Stichwortzettel mit den wichtigsten Punkten

Beispiel:

Olympische Spiele: Amateure oder Profis?

Spiele nie wertfrei

Amateure
- *Bürgerliche Sportler des 19. Jahrhunderts*
- *Streit um Einfluss, Macht und Geld*

Profis
- *erste Zulassung 1984, Los Angeles*
- *Der Realität Rechnung getragen*
- *Verdienst der meisten Athleten*

3

Bilden Sie Adjektive (Eigenschaftswörter) mit gleichem Wortstamm und schreiben Sie sie klein.

A Glück *glücklich*
B Emotion *emotional*
C Sensibilität *sensibel*
D Kompetenz *kompetent*
E Freude *freudig*
F Lust *lustig*
G Geborgenheit *geborgen*
H Liebe *liebevoll*

I Trauer *traurig*

J Ärger *ärgerlich*

K Gewicht *gewichtig*

L Schmerz *schmerzlich*

4 *Individuelle Lösung*

a) Lesen Sie den folgenden Text und stellen Sie ihn in einem Strukturbild dar, in dem Sie die Begriffe „Technik“, „Beispiele“, „Anwendungsgebiete“ und „Gefahren“ benutzen.

Informationen, die unter die Haut gehen

Ein reiskorngroßer Chip im Körper des Patienten speichert künftig Daten über Allergien und Vorerkrankungen. Rund 1000 Menschen weltweit tragen einen maschinenlesbaren Chip unter der Haut. Aufgrund des Materials ist das Risiko gering, dass der Chip sich im Muskelgewebe löst und im Körper umherwandert. Gleiches gilt für Abstoßreaktionen.

Die ersten 1000 Menschen tun es freiwillig und aus Interesse an der Technologie.

Die Informationen zum Beispiel über Arzneimittelallergien und die Blutgruppe des Patienten sind in der medizinischen Datenbank enthalten, mit der die Chipnummer verbunden ist, die nur von Ärzten und mit Passwort eingesehen werden kann.

Der Chip wird umso wertvoller, je mehr Anwendungen es geben wird und je weiter die Lesegeräte verbreitet sein werden.

Die Einsatzgebiete sind vielfältig. Landet ein Patient bewusstlos in der Notaufnahme, können wichtige Informationen, die sofort abrufbar sind, das Leben retten. Leidet ein Patient an Alzheimer, kann er in verwirrtem Zustand schnell identifiziert werden.

Bisher ist allerdings umstritten, warum ein Chip besser sein soll als ein Identifikationsarmband. Während Befürworter schon davon träumen, den Chip im Arm nicht nur in Krankenhäusern, sondern auch in Banken, in Sicherheitszonen von Atomkraftwerken, zur Identifikation von Militärangehörigen und zum bargeldlosen Zahlungsverkehr zu verwenden, warnen Skeptiker vor Big-Brother-Szenarien, bei denen der Chip es ermöglicht, den Träger rund um die Uhr zu überwachen. Auch der Einsatz als Identifikationsnachweis anstatt eines Ausweises ist denkbar und findet viele Befürworter.

Es müssen noch viele Fragen geklärt und Sicherheitslücken gestopft werden, bevor die Technik sinnvoll und im großen Stil angewendet werden kann. Wann und ob das passieren wird, ist indes noch völlig unklar. Die Technik wird sich künftig sicher verbessern, damit werden aber auch dem Missbrauch neue Türen geöffnet.

Verfasst auf der Grundlage von www.welt.de/print-wams/article127630/Informationen_die_unter_die_Haut_gehen.html (Stand 08.05.2005), abgerufen am 01.02.2008

b) Tragen Sie den Inhalt mithilfe des Strukturbildes vor.

KOMPETENZBOX

METHODE STRUKTURBILD

Strukturbild mit eindeutigen Zuordnungen des Inhalts und Aufzeigen von Strukturen, die grafisch unterstützt werden.

Beispiel:

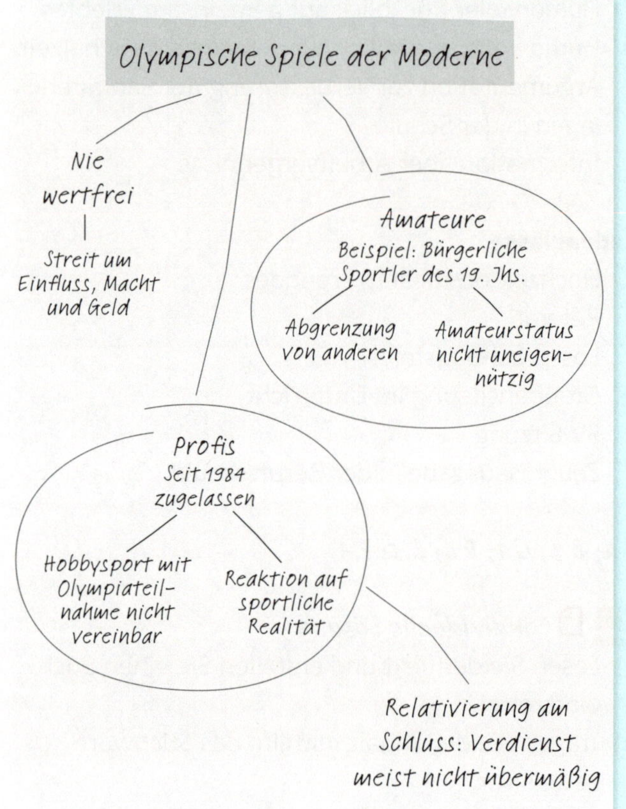

5

Situation:

Für eine Powerpoint-Präsentation zum Thema Baumwolle haben Sie Material für die Texte auf den Folien gesammelt. Bei Ihrem Vortrag sollen Sie sechs der folgenden Folien einsetzen.

- **A** Die Baumwolle (Titelfolie mit Bild und Überschrift)
- **B** Die Herkunft der Baumwollfaser
- **C** Die Hauptanbauländer
- **D** Die gentechnisch veränderte Baumwolle
- **E** Die Geschichte des Baumwollanbaus
- **F** Die Bedeutung als Textilrohstoff
- **G** Der Aufbau der Faser
- **H** Die Ernte der Baumwolle
- **I** Die Baumwolle an den Warenbörsen
- **J** Die Handelssorten
- **K** Die Anpflanzung
- **L** Baumwolle und Umwelt
- **M** Merkmale und Eigenschaften von Baumwolle
- **N** Die chemischen Bestandteile von Baumwolle

Notieren Sie die Buchstaben der Folien, die Sie vor dem jeweiligen Publikum einsetzen würden.

1. Polsterinnen/Polsterer
   Möglichkeit: A, B, F, G, M, N
2. Kaufleute
   Möglichkeit: A, C, F, I, J, M
3. Textilreinigerinnen/Textilreiniger
   Möglichkeit: A, B, F, G, M, N
4. Landwirtinnen/Landwirten
   Möglichkeit: A, D, G, H, J, K, L

6

Schreiben Sie zu den folgenden Redebeiträgen je einen Text für eine Folie, sodass diese in drei Sekunden gelesen werden kann und das Wichtigste des Redebeitrags enthält.

A Die Herkunft der Baumwollfaser

An den Samenkörnern der Baumwollpflanze wachsen 1200 bis 1700 Samenhaare. Sie bilden eine Schutzmasse für die Samenkörner, dienen aber auch dazu, dass die Körner nach der Reife vom Wind fortgetragen werden.
Die Kapselfrüchte der Pflanze platzen nach der Reife auf und die weißen bis gelblichen, in manchen Anbaugebieten auch bräunlichen Fasern können geerntet und später zu Baumwollgarn versponnen werden.
Die verspinnbaren Samenhaare sind bis zu 5 cm lang. Die nur wenige Millimeter langen Haare, die so genannten Linters, sind nicht verspinnbar und werden zur Herstellung von Watte, Zellstoff, Papier usw. verwendet.

Möglichkeit:
Die Herkunft der Baumwollfaser
Die Samenhaare (bis zu 5 cm lang) der reifen Samenkörner des Baumwollstrauchs werden versponnen.

B Baumwolle und Umwelt

10 % der weltweit eingesetzten Menge an Pflanzenschutzmitteln entfielen 1994 auf den Anbau von Baumwolle. Insektizide machen dabei 66 % aus, Herbizide 19 %, Fungizide 3 %, Mittel, die die Maschinenernte erleichtern, 12 %. Der Verzicht auf Pflanzenschutz führt bei den intensiv angebauten Reinkulturen zu hohen Ertragsverlusten. Um den Ertrag zu sichern und auf Pflanzenschutzmittel verzichten zu können, wurden und werden gentechnische Veränderungen der Baumwollpflanze mit unterschiedlich hohen Erfolgsraten durchgeführt. Je nach Eingriff konnte der Ertrag verbessert, die Qualität erhöht und der Einsatz von chemischen Pflanzenschutzmitteln verringert werden.

Möglichkeit:
Baumwolle und Umwelt
10 % aller Pflanzenschutzmittel werden beim Baumwollanbau eingesetzt. Versuche mit gentechnisch veränderten Baumwollpflanzen sind unterschiedlich erfolgreich.

7

Formulieren Sie diese Texte jeweils stichwortartig und übersichtlich für eine Folie und notieren Sie eine Überschrift.

A Die Baumwollpflanze gehört zu der Gattung der Malvengewächse. Obwohl sie eine mehrjährige Pflanze ist, wird sie jährlich ausgesät, um die Qualität und den Ertrag zu erhöhen, aber auch um etwa gleich hohe Pflanzen bei der Ernte zu haben. Die Baumwollpflanze ist etwa 2 m hoch, kann aber bis zu 6 m hoch werden. Die Kapselfrüchte reifen nicht gleichzeitig, sodass eine mehrmalige Ernte erforderlich ist. Baumwolle ist die Faser, die an den Samenkörnern wächst.

Möglichkeit:
Die Baumwollpflanze
- *Malvengattung*
- *mehrjährige Pflanze, meist aber jährliche Aussaat*
- *in der Regel 2 m hoch*
- *unterschiedliche Reifezeit der Kapselfrüchte*
- *Baumwollfasern an den Samenkörnern*

B Baumwolle ist der bedeutendste Textilrohstoff der Welt. Vor rund 100 Jahren bestanden 80 % der weltweit hergestellten Textilien aus Baumwollfasern. Bis 1997 hat sich seitdem die Produktion von Baumwolle fast verfünffacht, sie macht heute annähernd 50 % der weltweiten Faserproduktion aus.

Möglichkeit:
Die Bedeutung der Baumwollfaser
- *bedeutendster Textilrohstoff*
- *fast 50 % aller produzierten Fasern aus Baumwolle*

C Die Baumwollpflanze wächst in tropischen bis subtropischen Gebieten der Erde (Baumwollgürtel). Hauptanbauländer sind die USA, Russland, China, Indien, Brasilien, Pakistan, Mexiko, Ägypten, die Türkei und Argentinien.

Möglichkeit:
Die Hauptanbaugebiete der Baumwollpflanze: USA, Russland, China, Indien, Brasilien, Pakistan, Mexiko, Ägypten, Türkei und Argentinien.

D Die ältesten Reste von Baumwollgewebe wurden in Indien gefunden und auf das Jahr 3000 v. Chr. datiert. Von dort aus gelangte die Baumwolle nach China. Man vermutet, dass zur gleichen Zeit die Inkas in Mittelamerika Baumwolle anbauten. Vom 8. bis zum 10. Jahrhundert brachten die Araber die Baumwolle nach Nordafrika, Sizilien und Südspanien. In Nordamerika ist mit dem Anbau erst im 17. Jahrhundert begonnen worden. Mit der industriellen Revolution wurde die Verarbeitung von Baumwolle zur Weltindustrie.

Möglichkeit:
Die Geschichte des Baumwollanbaus
- *3000 v. Chr. in Indien, danach in China*
- *3000 v. Chr. in Mittelamerika (Inkas)*
- *8. bis 10. Jahrhundert in Nordafrika und Südeuropa (Araber)*
- *17. Jahrhundert in Nordamerika*
- *19. Jahrhundert Weltindustrie*

8 *Individuelle Lösung*
Erstellen Sie eine Gliederung zum Thema Baumwolle für eine Powerpoint-Präsentation mit sechs Folien vor Ihrer Klasse.

10 Gespräche führen

1

Kreuzen Sie an, welche der Äußerungen jeweils den Kriterien des respektvollen Sprachverhaltens entsprechen. Begründen Sie Ihre Entscheidung.

A

☐ **1** „Jetzt hab ich schon 50 Euro für die Reparatur bezahlt und die Zündung funktioniert immer noch nicht. Von einer Fachwerkstatt kann man doch mehr verlangen."

☒ **2** „Die Reparaturen bei Ihnen waren bisher immer einwandfrei, doch mit der Zündung stimmt etwas nicht. Überprüfen Sie das bitte noch einmal."

Sprecher/in 2 drückt sich sachlich aus, erwähnt zuerst das Positive, bevor er/sie Kritik äußert.

B

☒ **1** „Frau Mainosch, ich weiß, dass Sie mir die Bedienung des Gerätes schon mehrfach erklärt haben, aber ich benutze es so selten, dass ich mir die Handhabung nicht merken kann. Dieses Mal werde ich es mir aufschreiben. Tut mir leid, dass ich Sie jetzt noch mal stören muss."

☐ **2** „Ich kapier dieses blöde Gerät einfach nicht. Frau Mainosch, Sie müssen mir das noch mal erklären. Dieses Mal schreibe ich es mir auch auf."

Sprecher/in 1 drückt zunächst seine/ihre Wertschätzung gegenüber der Gesprächspartnerin aus, er/sie drückt sich sachlich aus, entschuldigt sich und achtet damit die Persönlichkeit der Gesprächspartnerin.

C

☒ **1** „Aydin, der Werkstattwagen muss noch aufgeräumt werden. Ich weiß, dass du einen guten Blick für Ordnung hast und dir das schneller von der Hand geht als mir. Ich räume in der Zwischenzeit das Material für morgen zusammen. So schaffen wir die Arbeit gemeinsam bis zum Feierabend."

☐ **2** „Aydin, ich weiß, dass du das viel besser kannst als ich, kannst du nicht den Werkstattwagen aufräumen?"

Sprecher/in 1 äußert sich sachlich, zeigt seine/ihre Wertschätzung des Gesprächspartners, er/sie lobt dessen Arbeitsleistung und betont Gemeinsamkeiten.

KOMPETENZBOX

Respektvolles Sprachverhalten

Respektvolles Sprachverhalten zeigt sich

→ in der **Achtung der Persönlichkeit**,

BEISPIEL:

„Guten Morgen, Frau Müller."

→ in der **Wertschätzung des anderen**,

BEISPIEL:

„Danke, dass Sie die Post noch fertiggestellt haben."

→ in der **Betonung von Gemeinsamkeiten**,

BEISPIEL:

„Danke, es ist schön, dass Sie die Arbeit so schnell erledigt haben, Nicole. Das entlastet mich sehr."

→ im **Lob** der Arbeitsleistung,

BEISPIEL:

„Es war richtig, dass Sie gegenüber dem Kunden höflich und sachlich geblieben sind."

→ in **sachlicher Ausdrucksweise**,

BEISPIEL:

„Würden Sie bitte …"

„Es hilft mir sehr, wenn Sie das eben für mich erledigen."

→ in der **Formulierung offener Fragen bei Einwänden**,

BEISPIEL:

„Sie haben die Tabelle in WORD erstellt und nicht mit EXCEL, wie ich Ihnen empfohlen habe. Können Sie mir das erläutern?"

→ in der **Erwähnung des Positiven, bevor Kritik** geäußert wird.

BEISPIEL:

„Das Datum bei dem Termineintrag ist richtig, aber Sie haben den Wochentag verwechselt, korrigieren Sie das bitte, Sandra."

2

Kreuzen Sie die Kritik an, durch die Sie sich weniger verletzt fühlen.

A

☐ **1** Du hörst mir nie zu.

☒ **2** Ich habe den Eindruck, du bist mit den Gedanken woanders.

B

☒ **1** Mir kommt es so vor, als suchtest du eine Ausrede.

☐ **2** Du hast immer eine andere Ausrede.

C

☐ **1** Dir gefällt aber auch gar nichts.

☒ **2** Ich habe das Gefühl, dir gefällt das nicht.

3

Formulieren Sie die Kritik in der Ichform, damit sie nicht so verletzend wirkt.

A Du hast in der Zwischenprüfung ja nur eine Vier. Du bist einfach faul.
Ich denke, dass du eine bessere Note als Vier erreichen könntest, wenn du nur etwas mehr Einsatz zeigen würdest.

B Immer müssen wir auf dich warten.
Ich stelle fest, dass wir oft auf dich warten müssen.

C Du hast nie Zeit zum Aufräumen.
Ich habe den Eindruck, du planst keine Zeit zum Aufräumen ein.

4

Ergänzen Sie in den folgenden Situationen die fehlenden Aussagen für eine vollständige ICH-Botschaft.

BEISPIEL:

Chef zum Auszubildenden: „Es kommt immer wieder vor, dass du das Werkzeug der anderen Mitarbeiter benutzt, es dann aber einfach liegen lässt, anstatt es ihnen zurückzugeben. Gestern musste Uwe seinen Handhobel erst suchen, den du dir genommen hattest, um die Tür zu kürzen. (**Situationsbeschreibung**) *Es ist kein Problem, dass du solche Spezialwerkzeuge der anderen mitbenutzt, es ist nur ärgerlich, wenn sie nicht an ihren Platz zurückkommen.* (**Benennen der Gefühle**)
Wenn das in Zukunft nochmals passiert, musst du damit rechnen, dass die anderen Mitarbeiter dir kein Werkzeug ausleihen." (**Aufzeigen der Konsequenzen**)

A Lehrer zum Schüler Jens: „Deine Zeichnung ist vom Prinzip her richtig, an der Ausführungsqualität musst du aber noch arbeiten. **(Situationsbeschreibung)**

Du hast noch sechs Wochen bis zur Gesellenprüfung. Es wäre ärgerlich, wenn du für die Ausführung Punktabzug bekommst, obwohl die Zeichnungen richtig sind. **(Benennen der Gefühle)**

KOMPETENZBOX

ICH-Botschaften

In Konfliktsituationen ist es besser, ICH-Botschaften zu senden. Mit ICH-Botschaften vermeidet man es, den anderen anzugreifen.

Drei Komponenten machen eine vollständige ICH-Botschaft aus:

1. **Die exakte Verhaltens- oder Situationsbeschreibung,**

BEISPIEL:

„Mir ist aufgefallen, dass Sie diese Woche bereits zweimal zu spät gekommen sind."

2. **Das Benennen der Gefühle, die dadurch ausgelöst werden,**

BEISPIEL:

„Ich ärgere mich darüber, dass das so häufig passiert."

3. **Das Aufzeigen der Konsequenzen,**

BEISPIEL:

„Denn wir müssen dann Ihre Arbeit mitmachen."

So kann man nachvollziehen, dass ein vernünftiger Grund für die Beanstandung besteht.

Der Konfliktpartner hat auch die Chance, auf die Kritik sachlich zu reagieren.

Kommen dann noch weitere Fehler hinzu, kann das Bestehen der Prüfung gefährdet sein.
(Aufzeigen der Konsequenzen)

B Chefin zur Auszubildenden: „Ilona, in dem Brief sind viel zu viele Rechtschreibfehler. Man kann sich ja mal vertippen, das passiert jedem,
aber es ist ärgerlich, wenn ich das alles nachlesen muss und mich nicht darauf verlassen kann, dass der Brief formal in Ordnung ist.
(Benennen der Gefühle)
Wenn sich das wiederholt, kann ich Ihnen diese selbstständigen Arbeiten nicht mehr übertragen, sondern muss Frau Kraft bitten, diese Aufgaben zu übernehmen.
(Aufzeigen der Konsequenzen)

5

Formulieren Sie die folgenden Aussagen nach den Regeln der ICH-Botschaft um.

A Der Chef kommentiert das schlechte Ergebnis der Zwischenprüfung: „Du bist total faul. Du hast gar keinen Ehrgeiz."
Ich habe den Bericht über deine Zwischenprüfung studiert. Das Ergebnis der Prüfung hat mich sehr verärgert, denn wir hatten die Aufgaben vorher durchgesprochen, ich habe jedoch den Eindruck, dass du nicht genug geübt hast. Wenn du das jetzt nicht nachholst, habe ich die Befürchtung, dass deine Abschlussprüfung auch nicht besser ausfallen wird.

B Die Abteilungsleiterin hat der Auszubildenden Nadine das Kopieren der Unterlagen für die Besprechung aufgetragen. „Meine Güte, bist du langsam. Alle müssen auf dich warten. Ich muss die Unterlagen doch noch aufbereiten und in fünf Minuten beginnt die Besprechung."
Nadine, ich sehe, dass Sie sehr viel Zeit für das Kopieren brauchen. Ich bin sehr in Eile und angespannt, weil ich die Unterlagen noch aufbereiten muss. Wenn das so lange dauert, muss ich Frau Heinz bitten, die Arbeit zu übernehmen.

C Flori sagt zu seiner Freundin, die zurzeit wegen des neuen Projektes ständig Überstunden macht: „Was, schon wieder Tiefkühlpizza. Dir fällt aber auch nichts Besseres ein."
Ich weiß ja, dass du im Augenblick sehr viel Arbeit hast, aber wenn wir immer Tiefkühlpizza essen, ist das nicht sehr abwechslungsreich. Ich schlage vor, wir stellen einen Speiseplan auf und ich übernehme das Kochen, wenn ich früher zu Hause bin.

6

Situation:
Kirsten befindet sich in der Ausbildung zur Großhandelskauffrau und Ist gewohnt, kleine Aufträge selbstständig zu erledigen. Sie soll für einen wichtigen Großkunden die Preislisten bearbeiten. Da sie unsicher ist, wie viel Prozent Rabatt sie diesem Kunden gewähren soll, hätte sie gerne zuerst mit der

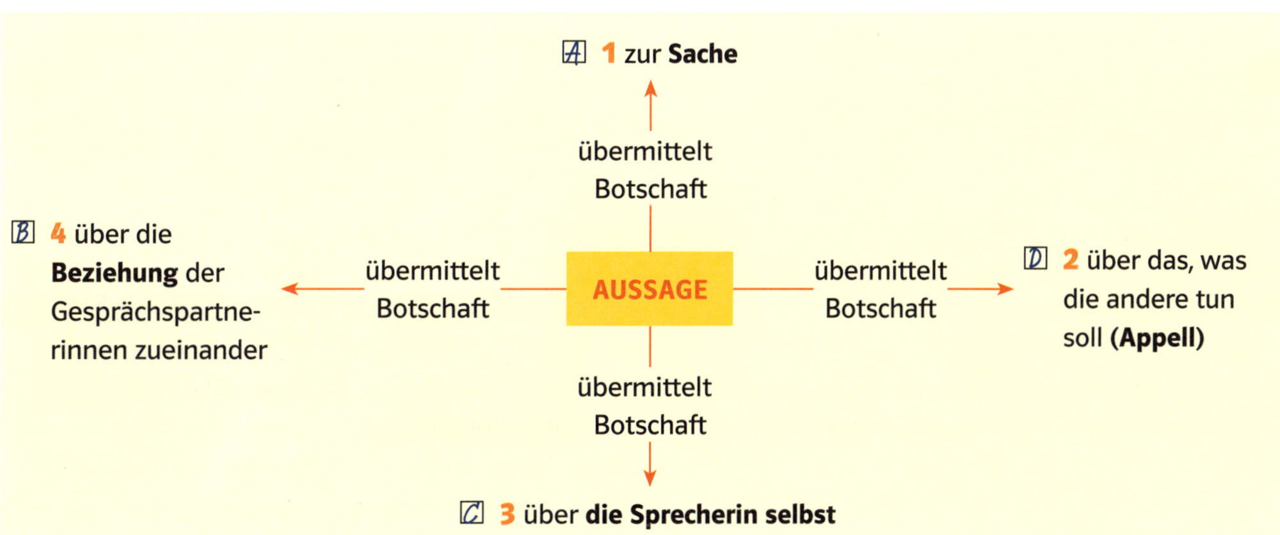

Sachbearbeiterin ihrer Abteilung gesprochen. Eine Stunde später begegnet sie ihr auf dem Flur und sagt: „Ich habe heute Morgen schon dreimal bei Ihnen angerufen."

In der Aussage stecken diese vier Botschaften:

A Ich wollte Sie gerne sprechen, habe Sie aber nicht errreicht.
B Ich wollte Sie sprechen, weil Sie kompetent sind und mir bisher auch immer geholfen haben.
C Ich bin unsicher. Ich kann das nicht allein. Deshalb wollte ich Sie sprechen.
D Kümmern Sie sich bei solchen Problemen stärker um mich und halten Sie sich gesprächsbereit.

a) Ordnen Sie die jeweilige Botschaft der Erklärung im Modell zu. Tragen Sie hierzu den Großbuchstaben in das Kästchen ein.

b) Notieren Sie, was die Sachbearbeiterin vor allem aus Kirstens Aussage: „Ich habe heute Morgen schon dreimal bei Ihnen angerufen" herausgehört hat, wenn sie wie folgt reagiert.

A Sie freut sich über Kirstens Aussage und bittet sie sofort in ihr Zimmer.
Sie hat vor allem etwas über die Beziehung zu Kirsten herausgehört und möchte das gute Bild, das Kirsten von ihr hat, nicht zerstören.

B Sie ist verärgert und findet es unangebracht, dass Kirsten sie so anfährt.
Sie hat vor allem die Kritik herausgehört, dass sie für Kirsten stets gesprächsbereit sein sollte.

7

Situation:
Kirsten wurde von ihrem Chef gebeten, für eine Besprechung Kaffee zu kochen. Nachher sagt er zu ihr: „Der Kaffee war zu stark."

a) Notieren Sie, was Kirsten

A rein sachlich verstehen könnte.
Der Kaffee schmeckte nicht, weil er zu stark war.

B sich für das nächste Mal vornehmen könnte.
Ich muss aufpassen, dass ich das nächste Mal nicht zu viel Kaffeepulver nehme.

C über den Chef selbst heraushören könnte.
Der Chef verträgt keinen starken Kaffee.

D über die Beziehung ihres Chefs zu ihr entnehmen könnte.
Der Chef befiehlt ihr: Nehmen Sie das nächste Mal weniger Kaffeepulver.

b) Schreiben Sie Kirstens Antwort auf,

A wenn sie eher einen Appell in der Aussage des Chefs wahrnimmt.
Das nächste Mal werde ich weniger Kaffeepulver nehmen.

B wenn sie das Befinden des Chefs heraushört.
Das tut mir leid, das nächste Mal werde ich Ihnen einen verträglicheren Kaffee machen.

C wenn sie die Aussage des Chefs eher als einen Ausdruck seiner Unzufriedenheit mit ihr auffasst.
Ich werde mich bemühen, Ihnen das nächste Mal einen schwächeren Kaffee zu kochen.

8

Situation:
Der Baustellenleiter hatte Sie gebeten, unmittelbar nach Erledigen der Arbeit vom Vormittag in sein Büro zu kommen. Sie erschienen dort aber erst nach der Mittagspause.

Markieren Sie die Aussage, die die Kritik mit der Wertschätzung Ihrer Person verbindet und Sie nicht verletzt.

A Auf Sie kann man sich einfach nicht verlassen. Ich hatte gesagt unverzüglich, und Sie kommen erst jetzt.
B Es ist schön, dass Sie so gewissenhaft die Arbeit erledigt haben, aber ich war davon ausgegangen, dass Sie spätestens nach der Frühstückspause bei mir sind.
C Mitarbeiter wie Sie, auf die ich immer warten muss, kann ich nicht gebrauchen.

11 Argumentieren

1

Situation:

Im Zusammenhang mit der Planung einer Klassenfahrt wird ein Pflegschaftsabend veranstaltet, an dem Schüler/innen, Lehrer/innen, Eltern und Ausbilder/innen teilnehmen.

a) Lesen Sie die folgenden Äußerungen, die von verschiedenen Teilnehmerinnen und Teilnehmern gemacht wurden.

1 Grundsätzlich halte ich Klassenfahrten für sinnvoll, aber wir haben vier Kinder und wenn jedes auf Klassenfahrt gehen möchte, können wir uns das nicht leisten.

2 Klassenfahrten sind nur vertane Zeit! Die haben doch noch gar nichts geleistet und denken sowieso nur an ihr Vergnügen!

3 Klassenfahrten stärken den Zusammenhalt innerhalb der Klasse und ermöglichen dadurch ein viel produktiveres Arbeiten.

4 Man lernt bei einer Klassenfahrt die Lehrerinnen und Lehrer von einer ganz anderen Seite kennen. Die sind da viel lockerer. Meistens versteht man sich hinterher besser.

5 Einen Azubi auf Klassenfahrt zu lassen, das kommt überhaupt nicht infrage! Den habe ich doch nicht eingestellt, damit ich ihn freistelle!

6 Wenn ich mir überlege, dass von fünf Azubis drei auf Klassenfahrt gehen, dann habe ich in meiner Firma große Probleme, die Arbeit zu bewältigen.

8 Also, wir waren doch alle mal jung! Und an die Klassenfahrten, die wir gemacht haben, kann sich sicher noch jeder von Ihnen erinnern. Der erste Kuss, die erste schlaflose Nacht, das war doch einfach toll! Das können wir unseren Kindern doch nicht vorenthalten!

7 Eine Klassenfahrt ermöglicht es, auf eine ganz andere Art zu lernen. Bei einer Exkursion werden alle Sinne angesprochen, deshalb merken sich die Schülerinnen und Schüler solche Inhalte viel besser, als wenn sie sie nur vom Hörensagen her kennen.

KOMPETENZBOX

Argumentieren

VORÜBERLEGUNGEN

- → Was weiß ich schon über das Thema?
- → Woher kann ich mir Informationen beschaffen?
- → Welchen Zielpersonen (Adressaten) gegenüber muss ich meine Argumente vorbringen?

AUFBAU

- → **These** (Behauptung) aufstellen
- → Mit einem **Argument** (Begründung) These untermauern. Das Argument wird meistens mit einer Konjunktion (Bindewort) eingeleitet, z. B. weil, da, denn.
- → Argument mit einem **Beleg** (Beispiel, Erklärung, Erläuterung) veranschaulichen
- → Weiteres Argument, weiterer Beleg
- → usw.

BESONDERHEIT

- → Die Argumente und Belege müssen auf die Zielgruppe abgestimmt sein.
- → Für die Zielperson/en müssen die Argumente überzeugend sein.

ZEITFORM

- → Präsens (Gegenwart)

SPRACHE

- → Sachlich
- → Klar

9 Eine Klassenfahrt bedeutet für mich lediglich zusätzlichen Stress und Ärger. Deshalb lehne ich Klassenfahrten grundsätzlich ab.

10 Denen ist doch ohnehin nichts gut genug, ein Aufenthalt innerhalb der Region kommt gar nicht infrage, von den Kommentaren über Jugendherbergen ganz zu schweigen. Also kann man auch gleich ganz auf eine Klassenfahrt verzichten.

11 Wir haben doch nur auf einer Klassenfahrt die Möglichkeit, mal andere Dinge zu tun, zum Beispiel ein Lagerfeuer zu machen oder für 25 Leute Spaghetti zu kochen. Das sind doch Erfahrungen, die man sonst nicht machen kann.

12 Die Ansprüche oder die Bequemlichkeit, die unsere Kinder auch durch unsere Schuld an den Tag legen, können durch eine solche Veranstaltung etwas gemindert werden, weil sie hier alles selbst tun müssen.

13 Es ist durchaus eine sinnvolle Erfahrung, wenn den Jugendlichen einmal aufgezeigt wird, dass man mit viel weniger auskommen kann, als man vermuten würde.

14 Klassenfahrten sind völliger Quatsch! Woanders verhungern die Kinder und hier denkt man nur an sein Vergnügen!

b) Bestimmen Sie, welche Äußerung für welche Personengruppe ein Argument sein könnte.

Personengruppen	Berufsschüler/innen	Eltern	Lehrer/innen	Ausbilder/innen
Äußerungen	*3, 4, 8, 11*	*1, 2, 3, 6, 8, 10, 11, 12, 13, 14*	*1, 3, 6, 8, 9, 10, 11, 13*	*2, (3), 5, (6), 7, (8), 10, 13, 14*

2

Äußern Sie Ihre Meinung über Klassenfahrten. Formulieren Sie dazu

a) zwei Argumente, die Sie Eltern gegenüber vorbringen könnten.
Möglichkeit:
- *Außerhalb der Schule gibt es nur selten die Möglichkeit, eine pädagogisch betreute Reise zu unternehmen und dabei so viele Leute zu kennen wie in einer Klasse.*
- *Keiner soll auf eine Klassenfahrt verzichten müssen, weil die Familie dadurch finanziell zu sehr belastet wird. Für diesen Fall hat man an unserer Schule eine Kasse eingerichtet, mit deren Geld auf Antrag eine finanzielle Unterstützung gewährt wird.*

b) zwei Argumente, die Sie Ausbilderinnen und Ausbildern gegenüber vorbringen könnten.
Möglichkeit:
- *Wenn eine Klassenfahrt gelungen verläuft, geht man hinterher motivierter an die Arbeit.*
- *Während einer Klassenfahrt werden auch soziale Kompetenzen vermittelt, auf die in unserer Ausbildung großer Wert gelegt wird.*

3

a) Markieren Sie im folgenden Buchstabenwirrwarr die 15 Konjunktionen (Bindewörter), die sich darin befinden. Lesen Sie von links nach rechts, von rechts nach links, von oben nach unten, von unten nach oben und diagonal.

	1	2	3	4	5	6	7	8	9	10	11	12	13	14
A	S	S	A	D	V	O	Ö	B	F	A	E	F	U	A
B	P	M	M	A	J	K	T	G	M	N	D	T	L	N
C	W	T	R	R	H	V	L	I	E	W	W	S	H	L
D	O	I	E	G	M	F	V	A	D	P	E	U	J	Ö
E	T	D	E	E	G	A	F	H	H	Y	U	N	I	O
F	O	B	W	O	H	L	F	F	C	J	H	G	N	O
G	N	A	S	D	G	L	B	R	A	Z	I	H	U	B
H	N	F	J	D	Ä	S	O	S	N	N	K	D	X	N
I	E	G	H	J	Y	E	R	F	G	H	J	N	D	C
J	D	S	F	H	V	H	C	B	N	M	R	U	M	W
K	G	D	E	R	G	J	E	D	O	C	H	E	M	U
L	A	K	S	O	N	D	E	R	N	Z	D	F	H	N
M	E	R	T	Z	E	I	H	J	K	N	S	V	B	N
N	A	B	E	R	W	E	R	T	I	S	D	F	G	J

b) Schreiben Sie die Konjunktionen (Bindewörter) heraus.

aber, als, da, dass, denn, falls, indem, jedoch, nachdem, obwohl, oder, sondern, und, weil, wenn

4

Setzen Sie die passenden Konjunktionen (Bindewörter) ein.

A In diesem Punkt stimme ich Ihnen zu, *aber* insgesamt bin ich anderer Meinung.

B Was Sie vortragen, überzeugt nicht, *weil* es kein Argument, *sondern* nur ein Beleg für meine Forderung ist.

C *Wenn* Sie derart persönlich werden, *dann* haben wir keine sachliche Diskussion mehr.

D Ich bin nicht Ihrer Meinung, *da/weil* ich andere Erfahrungen gemacht habe.

E *Indem/Wenn* Sie herumschreien, kommen wir in der Diskussion auch nicht weiter.

F *Weil* das Ihre persönliche Meinung ist, muss sie nicht auch für andere gelten.

G Ich kann Ihnen nicht ganz zustimmen, *obwohl* auch ich den von Ihnen erwähnten Gesichtspunkt für wichtig halte.

H *Wenn/Falls* Sie mir zustimmen könnten, würde ich mich freuen.

I *Obwohl* Sie einen wichtigen Punkt ansprechen, halte ich ihn für nicht so entscheidend.

J *Wenn* Sie Ihre Meinung in diesem Punkt ändern würden, *dann* kämen wir ein ganzes Stück weiter.

5
Trennen Sie die Sätze durch ein Komma ab.

A Selbst bei unterschiedlichen Ansichten hinsichtlich einer Klassenfahrt sollte man in der Argumentation sachlich bleiben, denn niemand von uns wird gerne persönlich angegriffen, weil er eine andere Meinung hat.
B Ich kann verstehen, dass Ihnen nicht jedes Argument gefällt, aber ich habe auch mit einigen Äußerungen von Ihnen Probleme, was nicht bedeutet, dass ich Sie auch beleidigen darf.
C Die Meinung einer Schülerin ist nicht unbedeutend, weil sie noch minderjährig ist.
D Viele Erwachsene werfen uns einen respektlosen Umgang mit ihnen vor. Aber wie kann man von uns einen angemessenen Umgang erwarten, wenn wir selbst respektlos behandelt werden?
E Darüber sollten auch die Erwachsenen einmal nachdenken, denn auch Jugendliche möchten ernst genommen werden, obwohl ihre Lebenserfahrung noch nicht so groß ist.

6 *Individuelle Lösung*
Notieren Sie, was Sie den folgenden Äußerungen gegen die Abhaltung einer Filmnacht an Ihrer Schule entgegensetzen könnten.

A Bei einer Filmnacht übernimmt doch keine Lehrerin und kein Lehrer freiwillig Aufsicht!
Möglichkeit:
Doch, wir haben bereits mit unserer Verbindungslehrerin gesprochen. Sie übernimmt zusammen mit Herrn Maier die Aufsicht.

B Bisher ist das mit der Reinigung im Anschluss an derlei Aktionen immer schiefgegangen. Hinterher war das ganze Schulhaus verdreckt.
Möglichkeit:
Auch hier haben wir vorgesorgt. Wir bilden Schülerteams, die bestimmte Bereiche des Schulhauses reinigen. Einen Plan, wer an welchen Stellen Putzdienst hat, haben wir erstellt und mit dem Hausmeister durchgesprochen.

C Wegen der Beschwerden der Nachbarn, die regelmäßig nach Schulveranstaltungen eingingen, können wir so etwas nicht mehr veranstalten.
Möglichkeit:
Die Nachbarn haben wir alle über die Veranstaltung informiert. Ab 22:00 Uhr werden wir die Musik so leise stellen, dass sie außerhalb des Gebäudes nicht gehört werden kann. Um 24:00 Uhr wird die Musik abgestellt.

D Die Hausmeisterin und den Hausmeister können Sie unmöglich für eine solche Veranstaltung begeistern.
Möglichkeit:
Nachdem wir mit dem Hausmeister gesprochen und ihn in die Planung einbezogen hatten, konnten wir ihn für die Veranstaltung gewinnen.

7
Unterstreichen Sie im Text Argumente und Belege in verschiedenen Farben.

Viele Gesellinnen und Gesellen denken inzwischen wieder darüber nach, nach der Lossprechung auf die Walz zu gehen. Und eine stattliche Anzahl von ihnen geht tatsächlich auf die Walz, weil man andere Arbeitspraktiken kennenlernt, beispielsweise wie eine Dachkonstruktion aus Holz im Nachbarland gefertigt wird. Außerdem wird man selbstbewusster, denn durch den Umgang mit immer neuen fremden Menschen wird man sicherer und lernt, sich auf sie einzustellen. Auch hat man häufig schon in der Ausbildung gemerkt, dass Sprachbarrieren eine untergeordnete Rolle spielen, denn sie können oft durch die praktische Arbeit überwunden werden oder man kann sich über Zeichensprache verständigen. Außerdem ist es reizvoll, etwas zu machen, was nicht der Norm entspricht. So darf man kein eigenes Fahrzeug besitzen und sich nur zu Fuß oder per Anhalter fortbewegen. Man kommt auch in Gegenden, die man sonst nicht kennenlernen würde.

1

Lesen Sie den folgenden Schüleraufsatz.

Sollte an beruflichen Schulen Sportunterricht erteilt werden?

Eine berufliche Schule soll Schülerinnen und Schüler auf einen Beruf vorbereiten, in einem bestimmten Beruf ausbilden oder auf einen bestimmten Bildungsabschluss hinführen. Deshalb stellt sich durchaus die Frage, ob in einer beruflichen Schule Sportunterricht erteilt werden soll. Denn schließlich ist nicht unmittelbar einsichtig, dass Sport etwas mit dem Erlernen einer Sprache oder mit dem Beruf einer Baugeräteführerin zu tun hat. Ich bin jedoch der Meinung, dass es viele Gründe gibt, Sport als Fachunterricht in beruflichen Schulen anzubieten.

Einmal spricht alle Welt – besonders der männliche Teil davon – gerne über Sport. Da kann es nicht falsch sein, wenn man auch eigene Erfahrungen damit gemacht hat. Man bemerkt dann, dass es schwieriger ist, etwas selbst zu machen, als nur darüber zu reden. Vielleicht hat man dann mehr Verständnis dafür, wenn in einem Bundesligaspiel ein Tor verschossen wird, weil man im Sportunterricht selbst erlebt hat, dass es nicht immer einfach ist, einen Ball im Tor unterzubringen. Zudem ist der Sportunterricht eine angenehme Abwechslung während des langen Schultages, den man überwiegend sitzend verbringen muss. Man kann sich endlich etwas austoben, seinen Kräften freien Lauf lassen und Aggressionen abbauen. Hatte man z. B. Ärger mit dem Chef oder mit einem Lehrer, kommt man durch Spiele und andere sportliche Betätigungen auf andere Gedanken, ist danach ruhiger und ausgeglichener.

Und ganz nebenbei übt man sich in der Kommunikations- und Teamfähigkeit. So kann man soziale Kompetenzen auf spielerische Weise lernen. Wer den Ball nicht rechtzeitig abgibt, weil er nicht gemerkt hat, dass sich durch die Ballabgabe die Chancen für seine Mannschaft erhöhen, trägt dazu bei, dass seine Mannschaft eventuell am Schluss verliert.

Des Weiteren hält Sport körperlich fit, und dies oft in vergnüglicher Art. Das ist eine Steigerung der eigenen Lebensqualität, aber auch zum Vorteil der Arbeitgeber und Krankenkassen.

Schließlich könnte man den Sportunterricht in beruflichen Schulen auch so organisieren, dass er auf die einzelnen Berufsgruppen ausgerichtet wird. Warum sollte man nicht Berufsgruppen, die die meiste Zeit vor dem Bildschirm sitzen, gezielt gymnastische Übungen anbieten, die möglichen Erkrankungen vorbeugen? Bei Zimmerleuten könnten zum Beispiel Hebetechniken vermittelt werden.

Alle diese Überlegungen zeigen doch, dass Sportunterricht im Stundenplan beruflicher Schulen einen sinnvollen Platz einnimmt und nicht fehlen darf, da er entspannen, die Gesundheit fördern und bilden kann.

KOMPETENZBOX

Stellung nehmen

einfache Form	ausführliche Form
AUFBAU	**AUFBAU**
	→ Einleitung
→ Eigener Standpunkt zum Thema (These) **BEISPIEL:** *Ich halte Gruppenarbeit für sinnvoll.*	→ Eigener Standpunkt zum Thema
→ Argument (Begründung) **BEISPIEL:** *Denn durch Gruppenarbeit wird das Verhältnis in der Klasse verbessert.* → Beleg **BEISPIEL:** *Man kommt mit Mitschülerinnen und Mitschülern in Kontakt, mit denen man sonst nicht so viel zu tun hat.*	→ Argument 1 → Beleg 1 → Argument 2 → Beleg 2 → Argument 3 → Beleg 3 usw.
→ Schlussfolgerung **BEISPIEL:** *Es ist also eine gute Sache, wenn man im Unterricht häufig Gruppenarbeit praktiziert.*	→ Schlussfolgerung

2

Unterstreichen Sie die Textstelle, in der

a) der eigene Standpunkt (die These) notiert ist,
b) gezielt ein mögliches Gegenargument entkräftet wird,
c) die Folgerung genannt wird.

3

Markieren Sie in dem Schüleraufsatz

a) Argumente (Begründungen),
b) Belege

jeweils mit einer unterschiedlichen Farbe.

4

Notieren Sie die Zeilen im Schüleraufsatz, in denen das Argument zu finden ist, das

a) am überzeugendsten für
- Schülerinnen und Schüler (Zeilen 23 f.),
- Lehrerinnen und Lehrer (Zeilen 23 f. und 32 f.),

b) am wenigsten überzeugend für
- Arbeitgeberinnen und Arbeitgeber (Zeilen 16–18) ist.

5

Lesen Sie den folgenden Auszug aus einem Interview.

[…] Sportliche Aktivität stärkt das Immunsystem und stimuliert die Hirnaktivität. Speziell durch die erhöhte Aktivität des Gehirns verbessern sich Kreativität und Erinnerungsvermögen. Menschen, die fit sind, fühlen sich in der Regel energievoller und haben Spaß an ihrer Arbeit. Sie sind belastbarer und im Umgang mit Stress ausgeglichener. Aktive Menschen haben zudem ein stärkeres Selbstbewusstsein, sind entscheidungsfreudiger und übernehmen gern Verantwortung. Sie sind durch den Sport gewohnt, auf ein Ziel hin zu arbeiten – dadurch kommen sie häufig auch beruflich weiter.

Kann Sport auch dazu beitragen, sich besser zu konzentrieren?

Ja. Bewegung hat einen positiven Einfluss auf Lernprozesse und fördert die Konzentrationsfähigkeit. Schon kleine Bewegungen am Schreibtisch reichen aus, um wieder aufnahmefähig zu werden. Ein kurzes Gymnastikprogramm oder auch nur gezielte Bewegungen der Augen, des Mundes oder der Finger stimulieren die Durchblutung der Gehirnzellen. Mit etwas mehr Zeitaufwand kann man durch 20 bis 30 Minuten Ausdauertraining das Gehirn mobilisieren. Jogging beispielsweise baut Stress und Spannung ab und verhilft im Anschluss wieder zu mehr Kreativität und größerem Denkvermögen.

[…]

Fitness für den Kopf. Interview mit Alexander Seeger. In: Arbeit und Gesundheit, Mai 2006, S. 16

6

Notieren Sie zwei weitere Argumente für den Sportunterricht, die Sie dem Interview entnehmen können.

Möglichkeit:

Sportliche Aktivität steigert die Gedächtnisleistung und die Kreativität.

Menschen, die Sport treiben, können mit Stress besser umgehen, sind selbstbewusster und entscheidungsfreudiger.

7

Markieren Sie die Aussagen, die als Argument gewertet werden können.

Die Preise für die öffentlichen Verkehrsmittel sind zu hoch (eigene Meinung),

A weil die Menschen, die auf öffentliche Verkehrsmittel angewiesen sind, in der Regel nicht zu der Bevölkerungsschicht mit hohem Einkommen gehören.
B weil der Staat nicht noch mehr Geld einnehmen sollte.
C weil man die Umwelt schonen muss.
D weil die hohen Preise die Leute davon abhalten, öffentliche Verkehrsmittel zu benutzen.
E weil Schülerinnen und Schüler nicht so viel Geld haben.
F weil das eine Unverschämtheit ist.

8 Individuelle Lösung

a) Kreuzen Sie an, welche Einleitung Ihrer Meinung nach am besten zum folgenden Thema hinführt: „Mobiltelefone sollten für Kinder und Jugendliche aus gesundheitlichen Gründen verboten werden".

☐ **A** „Ich möchte immer wissen, wo mein Kind ist. Sonst kann ich keine Minute ruhig sein", sagt eine Mutter zum möglichen Handyverbot für Minderjährige. Deshalb habe ihre 13-jährige Tochter ein Handy.

☐ **B** In vielen Restaurants sind sie nicht erwünscht, in vielen Schulen verboten: Handys. Der Grund für die Verbannung der Mobiltelefone ist in diesen Fällen aber in erster Linie die Belästigung der Umgebung, nicht der Gesundheitsfaktor.

☐ **C** Deutschland ist Fußballweltmeister geworden, als es noch keine Handys gab, Deutschland hat das sogenannte Wirtschaftswunder geschafft ohne Handy. Heute aber meinen viele, es könne nichts ohne Handy funktionieren.

b) Begründen Sie Ihre Entscheidung.

Individuelle Lösung

c) Formulieren Sie Ihren eigenen Standpunkt zum Thema und notieren Sie davor auch eine Überleitung nach der ausgewählten Einleitung.

Individuelle Lösung

9

Unterstreichen Sie jeweils den Hauptsatz und trennen Sie ihn durch Komma vom Nebensatz ab.

A Obwohl die Sicherheit erhöht wird, sind Gefahren nicht ausgeschlossen.

B Betrachtet man nur den gesundheitlichen Aspekt, ist ein Verbot längst überfällig.

C Aus gesundheitlichen Gründen bin ich auch dafür, dass Handys für Minderjährige verboten werden.

D Ein Handy garantiert nicht, dass man sicher ist.

E Auch wenn man ein Mobiltelefon bei sich trägt, kann einem etwas passieren.

F Was viele Schulen durchgesetzt haben, sollte grundsätzlich im ganzen Land gelten.

G Wenn manche Schulen die Benutzung von Handys verbieten, hat das meist nichts mit gesundheitlicher Vorsorge zu tun.

H Selbst der Verdacht, dass die Strahlung eines Handys schädlich sein könnte, müsste Konsequenzen nach sich ziehen.

10

Notieren Sie Wörter mit gleichem Wortstamm. Schreiben Sie die Substantive (Hauptwörter) groß.

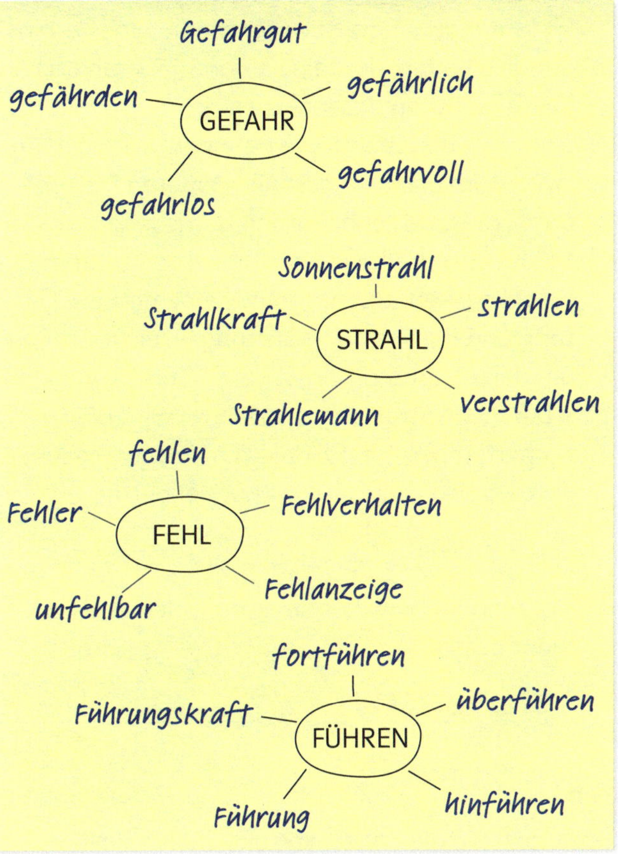

11

a) Kennzeichnen Sie die Aussagen, bei denen es sich um ein Argument handelt, mit einem A, die Aussagen, bei denen es sich um einen Beleg handelt, mit einem B.

[B] **1** Die Schädeldecke von Kindern ist beispielsweise noch zu dünn, um sie vor Strahlen zu schützen, und ihr Nervensystem zu empfindlich, als dass es nicht gestört werden könnte.

[A] **2** Laborversuche haben gezeigt, dass elektromagnetische Felder, wie sie von Handys ausgestrahlt werden, eine Reihe von Zellen schädigen oder verändern können.

[A] **3** Wer sein Handy eng am Körper trägt, setzt sich einer unnötig hohen Strahlung aus.

[B] **4** Zwar lassen sich Versuche im Reagenzglas nicht einfach auf den Menschen übertragen, aber damit ist zumindest einmal erwiesen, dass elektromagnetische Felder Zellen schädigen können. Eventuell wird in späteren Versuchen auch die Auswirkung auf den Menschen nachgewiesen.

B **5** Ist ein Sendemast weit entfernt, muss die Leistung des Handys entsprechend groß sein. Auch im fahrenden Auto ist es schwierig, eine Verbindung zu halten, deshalb ist dort die Strahlung bei Gesprächen besonders stark.

A **6** Kinder und Jugendliche befinden sich noch im Wachstum und sind deshalb größeren Risiken durch die Strahlenbelastung ausgesetzt.

A **7** Führt man Handygespräche bei schlechtem Empfang, benötigt das Handy eine größere Leistung und die Strahlenbelastung erreicht Größen um den erlaubten Höchstwert.

B **8** Durch die Strahlung der Handys wird die Körpertemperatur oder die Temperatur einzelner Körperteile erhöht. Diese Energieübertragung ist an der Hautoberfläche am größten.

b) Notieren Sie, welcher Beleg zu welchem Argument passt.

1 zu 6, 4 zu 2, 8 zu 3, 5 zu 7

12

Schreiben Sie die Wörter korrekt, indem Sie in jedem Wort die beiden fehlenden Buchstaben ergänzen.

A Schädlecke
Schädeldecke

B beispielweie
beispielsweise

C Stralenbelasung
Strahlenbelastung

D Höhstwrt
Höchstwert

E Köpertempratur
Körpertemperatur

F Hautberfäche
Hautoberfläche

G eventel
eventuell

H Senemas
Sendemast

I nahgewisen
nachgewiesen

J Nerensstem
Nervensystem

K elektomagetisch
elektromagnetisch

13 *Individuelle Lösung*

a) Notieren Sie Themen für eine Stellungnahme, die diskussionswürdig sind. Formulieren Sie hierzu eine Entscheidungsfrage, die mit Ja oder Nein beantwortet werden kann.

b) Sammeln Sie die Themen.

c) Wählen Sie eines davon aus und schreiben Sie eine Stellungnahme.

13 Mit Kundinnen und Kunden umgehen

1

a) Bringen Sie die folgenden Fragen der Restaurantfachfrau Beate Lutz in die richtige Reihenfolge.

[2] Darf ich Ihnen vielleicht schon einen Aperitif bringen?
Analysephase

[3] Unser Küchenchef empfiehlt heute den Lammrücken mit Prinzessbohnen. Wir haben aber auch frischen Fisch im Angebot. Wenn Sie wünschen, servieren wir für die Kinder alle Gerichte auch als kleinere Portionen. Aber schauen Sie sich zunächst in aller Ruhe die Speisekarte an. Darf ich Ihnen schon etwas zu trinken bringen?
Angebotsphase

[4] Möchten Sie zu dem Steak eine Ofenkartoffel oder lieber Pommes frites?
Prüfungsphase

[6] Vielen Dank für Ihren Besuch und kommen Sie bald wieder. Auf Wiedersehen und für Sie noch einen schönen Tag.
Abschlussphase

[1] Guten Tag. Sie möchten einen Tisch für sechs Personen?
Kontaktphase

[5] Wünschen Sie eine gemeinsame Rechnung?
Abschlussphase

b) Benennen Sie die jeweilige Phase des Gesprächs (siehe Kompetenzbox).

KOMPETENZBOX

Mit Kundinnen und Kunden umgehen

KONTAKTPHASE

Die Verkäuferin/Der Verkäufer nimmt die Kundin/den Kunden positiv auf.

→ Freundlich begrüßen
→ Kundenwunsch erfragen
→ Lösung in Aussicht stellen

ANALYSEPHASE

Die Verkäuferin/Der Verkäufer erkundigt sich nach den Bedürfnissen der Kundin/des Kunden.

→ Genaue Vorstellungen ermitteln
→ Kundenwunsch bestätigen lassen

ANGEBOTSPHASE

Die Verkäuferin/Der Verkäufer überzeugt die Kundin/den Kunden durch gute Verkaufsargumente.

→ Bedarfsgerechtes Angebot unterbreiten
→ Persönlichen Nutzen für die Kundin/ den Kunden aufzeigen
→ Beispiele zur Veranschaulichung anbieten
→ Evtl. Verkaufshilfen (Prospekte usw.) einsetzen

PRÜFUNGSPHASE

Die Verkäuferin/Der Verkäufer prüft, ob die Kundin/der Kunde mit dem Angebot einverstanden ist.

→ Zustimmung der Kundin/des Kunden einholen
→ Einwände klären
→ Andere Möglichkeiten benennen

ABSCHLUSSPHASE

Die Verkäuferin/Der Verkäufer bekräftigt die Kaufentscheidung der Kundin/des Kunden.

→ Kundenentscheidung bestärken
→ Dank aussprechen
→ Freundlich verabschieden

SPRACHE

→ Gut verständlich
→ Klar strukturierte Sätze

2

Entscheiden Sie, was die Verkäuferin/der Verkäufer beabsichtigt. Tragen Sie die jeweils passende Ziffer in das Kästchen ein.

1 Auskünfte erhalten
2 Sich mit den Überlegungen der Kundin/des Kunden auseinandersetzen
3 Eine harmonische Atmosphäre schaffen
4 Eine Entscheidung auslösen

[3] **A** Dieses Dunkelblau bringt mehr Farbe und ist zu dem Einheitsgrau mal eine Abwechslung. Zudem passt es besser zu Ihrem Teint und nimmt Ihre Augenfarbe sehr gut auf.

[1] **B** Haben Sie schon eine Vorstellung, was für einen Anzug Sie wünschen?

[4] **C** Dieser Anzug ist aus unserem Aktionsprogramm, das heißt, Sie können sich noch eine zweite Hose aussuchen und erhalten 30 %

Preisnachlass bei der Hose. So haben Sie gegenüber den anderen Anzügen ein supergünstiges Angebot.

2 **D** Wenn Sie einen Anzug für festliche Anlässe suchen, empfehle ich Ihnen den in Mitternachtsblau. Mit einem farbigen Hemd und einer passenden Krawatte sind Sie auch im Büro richtig angezogen.

4 **E** Dieser Anzug ist aus einem edlen Schurwollgemisch, das nicht knittert. Er ist wesentlich pflegeleichter als dieser hier aus Leinen und auch im Sommer angenehmer zu tragen.

1 **F** In welcher Größe darf ich Ihnen den Anzug bringen?

3

Trennen Sie die Sätze mit Kommas ab.

A Sie werden sicherlich einwenden, dass dieser Polsterstoff teuer ist, dafür ist er sehr strapazierfähig und pflegeleicht, was in einem Haushalt mit kleinen Kindern besonders wichtig ist.

B Wenn Ihr Preislimit bei 300 Euro liegt, kann ich Ihnen zu der Kamera noch ein zusätzliches Objektiv anbieten, das für Makro-Aufnahmen gut geeignet ist und zurzeit als Sonderzubehör angeboten wird.

C Das Handy aus dem Sonderangebot, das heute annonciert worden ist, ist leider schon verkauft, da unsere Filiale nur wenige Exemplare bekommen hatte.

D Das Kleid aus Leinen, das Ihnen so gut gefällt, ist zwar angenehm zu tragen, aber es knittert sehr stark und ich weiß nicht, ob Sie das mögen.

E Natürlich werden Sie einwenden, dass das Fernsehgerät teuer ist, aber wenn Sie die Bildauflösung im Vergleich sehen, ist der Qualitätsunterschied offensichtlich.

F Sie sollten diese Reklamation direkt mit dem Verkäufer klären, der Sie bedient hat, er wird das Problem sicherlich lösen können, sodass Sie zufrieden sind.

G Es freut mich, dass Ihnen der Schnitt des Anzuges, den ich ausgewählt habe, so gut gefällt.

4

Ergänzen Sie die Antworten auf den Kundeneinwand „Das ist mir zu teuer“. Verwenden Sie dazu die Stichwörter in Klammern.

KOMPETENZBOX

Aktives Zuhören

Zuhören ist eine Aktivität der Hörerin/des Hörers und diese Aktivität kann sich verbal (durch Sprache), aber häufiger sogar nonverbal (Körperhaltung, Mimik und Gestik) zeigen.

→ Durch freundliches Lächeln stellt man eine positive Gesprächsatmosphäre her.

→ Durch Blickkontakt und das körperliche Zuwenden signalisiert man der Rednerin/dem Redner, dass man ihr/ihm die volle Aufmerksamkeit widmet.

→ Durch Kopfnicken, Laute wie „mh ...“, Aussagen wie „... habe verstanden ...“ motiviert man die Rednerin/den Redner, sich weiter zu öffnen.

Durch **Umschreiben**, **Nachfragen** und **Zusammenfassen** kann geklärt werden, was man verstanden hat, um Missverständnisse auszuschließen.

Folgende Formulierungen sind möglich:

- *„Wenn ich dich richtig verstanden habe, geht es dir um ...“*
- *„Es scheint mir, dass du vor allem ...“*
- *„Was hat dich so verärgert?“*
- *„Weshalb ist es zu dieser Reaktion gekommen?“*
- *„Also bis hierher habe ich verstanden, dass ...“*

Störungen oder Verhinderungen des aktiven Zuhörens:

→ Klingeln des Telefons, offene Türen, Lärm,

→ andere Aktivitäten nebenher.

Möglichkeit:

Ja-aber-Technik

Der Dekorationsstoff ist zwar nicht ganz billig, dafür aber (Kollektion) aus der topaktuellen Kollektion.

Vorgreiftechnik

Sie (einwenden) werden sicherlich einwenden,

dass dieser Stoff in der oberen Preisklasse liegt, dafür ist er aber besonders lichtecht, sodass Sie lange Ihre Freude daran haben werden.

Plus-minus-Technik
Der Stoff ist sicherlich teuer. Dafür ist er (Qualität) *von hoher Qualität*
und länger haltbar als ein Stoff der unteren Preisgruppe.

Interviewtechnik
Wie viel möchten Sie denn für die neue Fensterdekoration ausgeben? (Preislimit) *Haben Sie ein Preislimit?*

Vertagungstechnik
Natürlich (Preis) *ist auch der Preis entscheidend,*
aber wenn Sie die Stoffe der verschiedenen Preisgruppen vergleichen, werden Ihnen auch die Qualitätsunterschiede auffallen.

5

Setzen Sie die Relativpronomen (bezügliche Fürwörter) „der", „die" oder „das" in der richtigen Form ein. Beachten Sie, dass das Relativpronomen sich nach dem Substantiv (Hauptwort) richtet, auf das es sich bezieht.

A Ich habe den Eindruck, dass Ihnen das Muster des Stoffes, *den* Sie gewählt haben, nicht mehr gefällt.

B Sie können das Geschenk bei der Verkäuferin, *die* hinter der Kasse steht, umtauschen.

C Der Schnitt des Kleides, *das* ich gestern im Schaufenster gesehen habe, passt gut zu deiner Figur.

D Die Farbe des Anzuges, *den* Sie gewählt haben, steht Ihnen wirklich gut.

E Sie sollten sich direkt bei dem Kellner, *der* Sie bedient hat, beschweren.

F Sowohl in dem Café als auch in dem Restaurant, *die* mir meine Freundin empfohlen hat, isst man wirklich gut.

G Es freut mich, dass Ihnen der Lammrücken, *den* ich Ihnen empfohlen habe, so gut geschmeckt hat.

H Das Tellergericht mit Röstkartoffeln und Wurstsalat, *das* Sie gewählt haben, ist leider aus.

6

Formulieren Sie die Fragen der Verkäuferin/des Verkäufers so, dass Sie als Antworten nicht nur ein Ja oder ein Nein erhalten, sondern genauere Informationen über die Wünsche der Kundin/des Kunden.

A Gefällt Ihnen dieses Kostüm?
Welche Art von Kostüm haben Sie sich vorgestellt?

B Wünschen Sie ein feines Kleid für einen festlichen Anlass?
Für welchen Anlass wünschen Sie ein Kleid?

C Möchten Sie ein edles Bad in Marmor?
Sollte Ihr Bad eher edel oder modern in frischen Farben sein?

D Gefällt Ihnen dieser Farbton?
Welche Farben kommen für Sie infrage?

E Möchten Sie bar bezahlen?
Wie möchten Sie bezahlen?

F Holen Sie das Auto heute aus der Werkstatt ab?
Wann möchten Sie das Auto abholen?

7

Entscheiden Sie, mit welchen Äußerungen die Verkäuferin/der Verkäufer am besten auf die Kundin/den Kunden eingeht.

A

- ☐ **1** Dieses Blau ist jetzt topaktuell.
- ☒ **2** Dieses Blau passt auch gut zu der Hose, die Sie jetzt tragen.

B

- ☐ **1** Das Auto wird Ihrer Frau auch gefallen.
- ☒ **2** Sie können das in aller Ruhe mit Ihrer Frau besprechen.

C

- ☒ **1** Ich habe den Eindruck, dass diese klare Linienführung Ihrem Typ entspricht.
- ☐ **2** Sie haben einen guten Geschmack. Das gefällt mir auch.

D

- ☒ **1** Dieses Gerät ist zwar preiswerter, aber das Unternehmen hat keinen eigenen Reparaturservice.
- ☐ **2** Das ist doch billiger Kram.

8

Markieren Sie die Stellen im Text, an denen Sie jeweils Signale des aktiven Zuhörens einfügen können. Notieren Sie am Rand, welche der folgenden Ausdrücke Sie dort einsetzen:

lächelt freundlich – nickt zustimmend – schaut interessiert – nickt – schaut fragend – fragt noch mal nach

Situation:
Herr Caspers (C) betritt die Sanitärausstellung „Rund ums Bad". Die Kundenberaterin, Frau Meiser (M), begrüßt ihn freundlich, fragt nach seinen Wünschen und berät ihn.

C: „Guten Tag."
M: „Guten Tag, kann ich Sie beraten oder wollen Sie sich zunächst einmal umschauen?" *lächelt freundlich*
C: „Ich möchte in meinem Haus die Badezimmer renovieren und mir hier das Neueste zeigen lassen." *schaut interessiert*
M: „Um wie viele Badezimmer handelt es sich?"
C: „Wir haben in unserem Reihenhaus im Erdgeschoss ein Gäste-WC, im ersten Stock ein Familienbad und im Dachgeschoss eine Nasszelle mit Dusche und WC. Ich habe hier auch einen Plan mitgebracht." *schaut fragend*
M: „Das ist sehr hilfreich. Da kann ich mir gleich ein Bild von den Räumlichkeiten machen. An welche Veränderungen denken Sie denn im Einzelnen?"
C: „Also ich weiß nicht, ob die Einteilung des Badezimmers wirklich so optimal ist. Da gibt es sicherlich noch andere Lösungen." *nickt zustimmend*
M: „Wenn Sie mir Ihre Zeichnung hier lassen, werde ich Ihnen dazu einen Entwurf fertigen. Vorher müssten wir nur abklären, welche Bedürfnisse Sie und Ihre Frau haben und wie alles farblich gestaltet werden könnte. Lassen Sie uns doch einfach mal durch die Ausstellung gehen. Sie sagen mir dann, was Ihnen gefällt."
C: „Das ist eine gute Idee. Meine Frau wünscht sich einen größeren Einbauschrank für die Handtücher und all den Kleinkram, den man so im Bad hat. Auch das Gäste-WC müsste neu gefliest werden." *nickt*
M: „Sollen WC und Waschbecken farblich zu den Fliesen passen oder wünschen Sie beides in Weiß?" *fragt noch mal nach*
C: „Da sind ja so viele Details zu bedenken, ich glaube, ich nehme mir einige Prospekte mit und bespreche das erst mal mit meiner Frau. Wir kommen dann zusammen noch mal wieder." *nickt zustimmend*
M: „Ja, das ist eine gute Idee. Ich stelle Ihnen einiges zusammen. …"

14 Telefonieren

1

Situation:

Frau Karst von der Stadtverwaltung Stuttgart erhält einen Anruf von Herrn Ott. Er überlegt sich, ob er nicht beim großen Flohmarkt am nächsten Samstag (20.04.) auf dem Wulleplatz einen Stand betreiben soll.

a) Füllen Sie den Stichwortzettel aus.

Stichwortzettel

Was?	Großer Flohmarkt
Wann?	Samstag (20.04.)
Wo?	Wulleplatz
Standplätze?	Größe, Zuteilung, Kosten

b) Bringen Sie das Telefongespräch in die richtige Reihenfolge.

4 **O:** Ich hätte gerne nähere Informationen zum Flohmarkt am nächsten Samstag auf dem Wulleplatz.
3 **K:** Guten Tag, Herr Ott, was kann ich für Sie tun?
10 **O:** Aha, und was kostet der Spaß?
1 **K:** Stadtverwaltung, Eva Karst, guten Tag.
6 **O:** Ja, genau den.
5 **K:** Sie meinen den großen Flohmarkt am 20.04.?
2 **O:** Guten Tag, Frau Karst, hier spricht Werner Ott.
7 **K:** Was genau möchten Sie denn wissen?
12 **O:** Und wo bekommt man die Plätze zugewiesen?
9 **K:** Die Standplätze werden je nach Länge der Schaufläche vergeben. Es gibt Standlängen von zwei, vier und sechs Metern.
8 **O:** Wie groß sind denn die Stände?
11 **K:** Die Standgebühren betragen 7 Euro pro Meter.
14 **O:** Ja, und wie finde ich dann meinen Standplatz?
13 **K:** Die Plätze werden am Freitag, also am 19.04., um 17 Uhr im Rathaus ausgelost. Wir machen das so, um möglichst gerecht zu sein.
16 **O:** Sind denn die Plätze nummeriert?
15 **K:** Wenn Sie die Miete für Ihren Standplatz bezahlt haben, bekommen Sie eine Buchstaben-

KOMPETENZBOX

Telefonieren

VORAUSSETZUNGEN FÜR EINE GUTE GESPRÄCHSATMOSPHÄRE

→ Ausreichend Zeit einplanen

→ Einen ruhigen Ort wählen, mögliche Lärmquellen (z.B. Mobiltelefon) abstellen

→ Papier und Schreibunterlagen für Notizen griffbereit halten

→ Sich inhaltlich auf das Gespräch vorbereiten:
- Wichtige Fragen in Stichworten aufschreiben
- Wichtige Information für die Gesprächspartnerin/den Gesprächspartner stichwortartig notieren

ABLAUF DES GESPRÄCHS

→ Begrüßen (als Angerufene/r):
- Begrüßungsformel („Guten Tag, ...", „Guten Morgen, ...")
- Namen der Firma nennen
- Eigenen Namen nennen

→ Begrüßen (als Anrufende/r):
- Begrüßungsformel („Guten Tag, ...", „Guten Morgen, ...")
- Gesprächspartner/in mit Namen anreden
- Eigenen Vor- und Zunamen nennen

→ Das Anliegen klar formulieren

→ Sich für das Gespräch bedanken, verabschieden

GESPRÄCHSVERHALTEN

→ Lächeln (ist in der Stimme hörbar)

→ Langsam und deutlich sprechen

→ Höflich sein: bitten und danken

→ Aufmerksam zuhören

→ Die Gesprächspartnerin/Den Gesprächspartner ausreden lassen

→ Rück- oder Verständnisfragen stellen

→ Wichtige Punkte wiederholen oder zusammenfassen

→ Pausen machen und langsam reden

→ Notizen zu den wichtigsten Informationen anfertigen

NACHBEREITUNG DES GESPRÄCHS

→ Umgehend eine Gesprächsnotiz über das Telefonat anfertigen

→ Einen Termin für sich festlegen, an dem man sich um das Anliegen kümmert

→ Gesprächsnotiz zum Vorgang bzw. zur jeweiligen Akte legen

Zahlen-Kombination. Diese führt zu Ihrem Standplatz. Den Stand können Sie allerdings erst am Samstag ab 6 Uhr einrichten.

18 **O:** Das ist ja alles wunderbar organisiert.

17 **K:** Unser Herr Klein schreibt am Freitag mit Kreide die Standnummern auf den Asphalt.

22 **O:** Ich glaube, damit ist alles geklärt, danke schön, Frau Karst, auf Wiederhören.

19 **K:** Wir haben aus den Streitereien um den besten Platz unsere Lehren gezogen. Vor allem soll der Flohmarkt für private Kleinhändler offen sein und nicht für professionelle Händler, die dann hohe Preise verlangen.

21 **K:** Haben Sie sonst noch eine Frage?

20 **O:** Das finde ich eine tolle Idee von der Stadt.

23 **K:** Auf Wiederhören, Herr Ott, und viel Erfolg auf dem Flohmarkt.

c) Schreiben Sie eine Telefonnotiz. Erfinden Sie fehlende Angaben.

Telefonnotiz		
Gesprächmit: Frau Karst, Stadtverwaltung Stuttgart	Datum:	Uhrzeit:
Betreff: Flohmarkt auf dem Wulleplatz		
Ergebnis: Standgröße: 2, 4 oder 6 Meter Kosten: 7 € pro Meter Zuteilung: Auslosung am 19.04.		

2

Notieren Sie die Merksätze in normaler Schreibweise. Schreiben Sie die Substantive (Hauptwörter) und die Anredepronomen (Anredefürwörter) Sie, Ihre, Ihrem, Ihren und Ihres groß.

Schreibensievorwichtigentelefonateneinenstich wortzettel.Stellensiesichmitihremnamenvorundbe grüßensieihregesprächspartnerinoderihrenge sprächspartner.Nennensiedenanlassihresanrufs. Klärensieallesachverhalteundtreffensieklarevereinbarungen.Verabschiedensiesichhöflichundhalten siedanachineinergesprächsnotizdieergebnissefest.

Schreiben Sie vor wichtigen Telefonaten einen Stichwortzettel. Stellen Sie sich mit Ihrem Namen vor und begrüßen Sie Ihre Gesprächspartnerin oder Ihren Gesprächspartner. Nennen Sie den Anlass Ihres Anrufs. Klären Sie alle Sachverhalte und treffen Sie klare Vereinbarungen. Verabschieden Sie sich höflich und halten Sie danach in einer Gesprächsnotiz die Ergebnisse fest.

3

Formulieren Sie das Telefongespräch zwischen Frau Busch und Marcello Maldini. Verwenden Sie dabei die angegebenen Wörter.

am, Apparat, auch, auf, Augenblick, Berufsschule, besorgen, bis, fragen, gleich, guten, haben, heute (2x), hole, kann, Karten (2x), leid, meine, meinen, muss, nachschauen, nett, sind, später, sprechen, spricht, tun, vielen, vielleicht, Wiederhören, wollte

B: Plattencenter, Brigitte Busch _am Apparat_, was _kann_ ich für Sie _tun_?

M: _Guten_ Tag, hier _spricht_ Marcello Maldini, kann ich bitte den Dominik _sprechen_?

B: Das tut mir _leid_, der ist _heute_ in der _Berufsschule_. Kann ich Ihnen _vielleicht auch_ helfen?

M: Dominik _wollte_ mir Karten für das Konzert der Gruppe „Easy" _besorgen_ und jetzt wollte ich _fragen_, ob sie schon da _sind_.

B: Sie _meinen_ sicher die verbilligten _Karten_?

M: Ja, die _meine_ ich.

B: _Augenblick_ bitte, da _muss_ ich erst mal _nachschauen_.

M: Das wäre sehr _nett_, _vielen_ Dank.

B: Sie _haben_ Glück, die _Karten_ sind da.

M: Dann komme ich _gleich heute_ vorbei und _hole_ sie ab.

B: Gut, _bis später_ dann, Herr Maldini.

M: Bis später, _auf Wiederhören_, Frau Busch.

15 Geschäftliche Schreiben verfassen

1

a) Ordnen Sie die folgenden Textteile sinnvoll.
b) Schreiben Sie Ihre Absenderanschrift mit Telefonnummer und E-Mail-Adresse und das Datum in den Vordruck auf Seite 54.
c) Vervollständigen Sie den Brief auf Seite 54 mit den Textteilen.

[9] Wir freuen uns, wenn Sie unsere Idee in die Tat umsetzen, und sind gespannt auf Ihre Antwort.

[3] Sehr geehrte Damen und Herren,

[5] Unsere Idee ist, dass jedes Mitglied einer Gruppe von mindestens 12 Jugendlichen von Ihrem Ministerium eine Prämie von 200 € erhält, wenn alle Gruppenmitglieder zwei Jahre lang keine Zigarette rauchen.

[2] Aktion gegen das Rauchen

[11] Anlage
Namenliste unserer Klasse, die an dem Projekt teilnehmen würde

[4] nach einer Diskussion über die Schädlichkeit des Rauchens hat sich unsere Klasse entschlossen, gegen den steigenden Nikotinkonsum bei Jugendlichen etwas zu tun. Neben anderen Aktivitäten wenden wir uns auch an Sie mit der Bitte, unsere Vorschläge bundesweit umzusetzen.

[1] Bundesministerium für Gesundheit
Mohrenstr. 62
10117 Berlin

[7] Das Vorhaben muss vor Beginn bei Ihnen angemeldet werden.

[10] Mit freundlichen Grüßen

[6] Alternativ könnte auch eine Reise für die gesamte Gruppe als Preis ausgeschrieben werden.

[8] Ab und zu sollten Sie dann mit einer Urinprobe die Einhaltung der Verpflichtung prüfen. Raucht ein Mitglied während der zwei Jahre eine Zigarette, verfällt die Prämie für alle.

KOMPETENZBOX

Geschäftliche Schreiben verfassen

VORARBEIT

→ Herausfinden, an wen man sich am besten wendet, um sein Ziel zu erreichen

AUFBAU

→ Absenderangabe/Datum

→ Anschrift des Empfängers (rechts Platz für Eingangsstempel)

Falls Ansprechpartner/in bekannt, nach dem Namen des Unternehmens
Frau/Herrn + Name einsetzen

→ Betreff (knapp, aber genau formulieren, worum es geht)

Sich eventuell auf schon vorangegangene Schreiben beziehen (z. B.: Ihr Schreiben vom ...)

→ Anrede (Namen einsetzen, falls in der Anschrift genannt)

In Abschnitte gegliedert:

→ Bestehende Situation schildern (dabei möglichst schon im ersten Abschnitt Adressaten persönlich ansprechen)

→ Folgen/Nachteile nennen

→ Mit Beispielen verdeutlichen

→ Forderungen stellen/Wünsche nennen

→ Eigene Vorschläge machen

→ Hoffnung ausdrücken, dass das Anliegen erfüllt wird

Grußformel

Unterschrift

Anlage(n)

SPRACHE

→ Höflich, ungekünstelt

→ Klare und genaue Ausdrucksweise

Anschrift des Absenders		Datum
Anschrift des Empfängers	Bundesministerum für Gesundheit Mohrenstr. 62 10117 Berlin	
Betreff	Aktion gegen das Rauchen	
Anrede	Sehr geehrte Damen und Herren,	
gegliederter Briefinhalt	nach einer Diskussion über die Schädlichkeit des Rauchens hat sich unsere Klasse entschlossen, gegen den steigenden Nikotinkonsum bei Jugendlichen etwas zu tun. Neben anderen Aktivitäten wenden wir uns auch an Sie mit der Bitte, unsere Vorschläge bundesweit umzusetzen. Unsere Idee ist, dass jedes Mitglied einer Gruppe von mindestens 12 Jugendlichen von Ihrem Ministerium eine Prämie von 200 € erhält, wenn alle Gruppenmitglieder zwei Jahre lang keine Zigarette rauchen. Alternativ könnte auch eine Reise für die gesamte Gruppe als Preis ausgeschrieben werden. Das Vorhaben muss vor Beginn bei Ihnen angemeldet werden. Ab und zu sollten Sie dann mit einer Urinprobe die Einhaltung der Verpflichtung prüfen. Raucht ein Mitglied während der zwei Jahre eine Zigarette, verfällt die Prämie für alle. Wir freuen uns, wenn Sie unsere Idee in die Tat umsetzen, und sind gespannt auf Ihre Antwort.	
Grußformel	Mit freundlichen Grüßen	
Unterschrift		
Anlage(n)	Anlage Namenliste unserer Klasse, die an dem Projekt teilnehmen würde	

2

Situation:

Sie schreiben auf die folgende Anzeige.

1-Zi.-Wohnung in Lehen

38 m², ruhig, separater Eingang, an jungen Nichtraucher zu vermieten.
Auf Wunsch Teilmöblierung möglich.

Zuschriften unter Chiffre 907 345 an das *Freiburger Tagblatt.*

Freiburger Tagblatt, 14.09.2008

a) Entscheiden Sie, welche Empfängeranschrift richtig ist.

☐ **A** Vermieter
im Freiburger Tagblatt
Postfach 79 44
79117 Freiburg

☐ **B** Freiburger Tagblatt
Wohnungsanzeige
Freiburg

☒ **C** Freiburger Tagblatt
Chiffre 907 345
Postfach 79 44
79117 Freiburg

b) Unterstreichen Sie die Betreffzeile, die am genauesten formuliert ist.

A Vermietung

B Interesse an der Anmietung Ihrer 1-Zi.-Wohnung

C Ein-Zimmer-Wohnung zu vermieten

D Ich möchte in Ihre Wohnung einziehen

c) Kreuzen Sie die Anrede an, die zu diesem Brief passt.

☒ **A** Sehr geehrte Vermieterin, sehr geehrter Vermieter,

☐ **B** Liebe Damen und Herren,

☐ **C** Sehr geehrter Herr,

☐ **D** Sehr geehrte Vermieter,

3

a) Markieren Sie in dem folgenden Text, was wichtig ist.

Ich habe Ihre Anzeige in der Zeitung gelesen und festgestellt, dass die Wohnung für mich interessant ist. Sie vermieten – wie ich der Anzeige entnehme – eine Ein-Zimmer-Wohnung. Das ist genau das, was ich suche. Auch die Größe stimmt. Lehen kenne ich zwar nicht, aber ich kann mir diesen Ort ja mal anschauen. Ich möchte gerne bei Ihnen einziehen. Sie schreiben aber nicht, wie viel Miete für die Wohnung bezahlt werden muss. Das wäre für mich aber wichtig. Denn zu viel kann ich auch nicht zahlen. Vielleicht können Sie die Wohnung auch günstiger vermieten. Nun sollten wir noch ausmachen, wann ich die Wohnung besichtigen kann. Geht das bei Ihnen am Samstag? Abends habe ich auch unter der Woche Zeit. Meistens bin ich ab 17:00 Uhr zu Hause. Zu meiner Person ist nur so viel zu sagen: Ich bin 18 Jahre alt. Im Allgemeinen bin ich ein ruhiger Typ. Abends lebe ich meistens zurückgezogen oder gehe mit meinen Kumpels aus. Ich rauche auch nicht. Und da ich Nichtraucher bin, habe ich es auch nicht so gern, wenn meine Freunde in meinem Zimmer rauchen. Wenn schon Möbel in der Wohnung stehen, ist mir das auch recht. Ich lege keinen großen Wert auf viele Möbel. Aber ein Bett und ein Schrank wären schon gut. Von mir aus können auch alle Möbel im Zimmer sein. Die Miete sollte dadurch aber nicht steigen.
Wenn Sie mit mir einen Termin ausmachen, können wir uns kennenlernen.

b)

Formulieren Sie aus den wichtigen Wörtern und Textteilen einen zusammenhängenden Text.

Möglichkeit:

Sie bieten zur Miete eine Ein-Zimmer-Wohnung an, die meinen Wünschen entspricht, was die Angaben in Ihrer Anzeige betrifft.
Leider erwähnen Sie nicht den Mietpreis.
Kann ich die Wohnung am nächsten Samstag besichtigen? Unter der Woche habe ich ab etwa 17:00 Uhr Zeit.
Zu meiner Person: Ich bin 18 Jahre alt, ein ruhiger Typ und Nichraucher. Eine Teilmöblierung käme mir sehr entgegen. Näheres müssten wir im Gespräch klären.
Ich freue mich, wenn Sie mit mir bald einen Besichtigungstermin ausmachen.

4

a) Setzen Sie die Anredepronomen (Anredefürwörter) „Sie" und „Ihre" in der richtigen Form ein. Schreiben Sie die Anfangsbuchstaben groß.

b) Fügen Sie die fehlenden Kommas ein, trennen Sie damit einzelne Sätze und Aufzählungen ab.

Ihre Anzeige hat mich sehr angesprochen, denn Sie bieten eine Wohnung an, wie ich sie suche. Leider nennen Sie in Ihrer Annonce keinen Mietpreis. Wenn Ihre Mietpreisvorstellung der meinen entspricht, würde ich Ihre angebotene Wohnung gerne besichtigen. Falls Sie einen Internetanschluss haben, können Sie mir auch kurz mailen. Zu meiner Person: Ich bin 18 Jahre alt, ledig, Nichtraucher, wie Sie es wünschen. In Ihrer Anzeige bieten Sie auch eine Teilmöblierung an. Dazu würde ich mich erst entschließen, wenn ich die Wohnung gesehen habe.

5

Erweitern Sie die folgenden Ortsnamen durch -er und fügen Sie die Wörter *Straße* oder *Platz* hinzu. Schreiben Sie die Wörter getrennt und mit großen Anfangsbuchstaben.

A Berlin — Berliner Straße
B Wiesbaden — Wiesbadener Straße
C Gotha — Gothaer Straße
D Koblenz — Koblenzer Straße
E Madrid — Madrider Straße
F Potsdam — Potsdamer Straße

6

Markieren Sie jeweils die beiden richtigen präpositionalen (mit einem Verhältniswort versehenen) Ausdrücke.

A
1 nach reiflicher Überlegung
2 nach reiflichem Überlegung
3 nach reiflichem Überlegen
4 nach reiflichen Überlegen

B
1 bei einem längeren Mietdauer
2 bei einer längeren Mietdauer
3 bei längerer Mietdauer
4 bei längerem Mietdauerns

C
1 mit vollständiges Möblierung des Zimmers
2 mit vollständiger Möblierung des Zimmers
3 mit vollständiger Möblieren des Zimmers
4 mit vollständigem Möblieren des Zimmers

D
1 aufgrund der mündlichen vorgetragenen Beschwerde
2 aufgrund der mündlich vorgetragenen Beschwerde
3 aufgrund ihrer Beschwerens
4 aufgrund ihres Beschwerens

E
1 in ihrem schönem Garten
2 in ihrem schönen Garten
3 in ihren schönen Garten
4 in ihres schönen Garten

F
1 trotz unseres großen Bemühens
2 trotz unserem großem Bemühen
3 trotz unserer großen Bemühung
4 trotz unserem großen Bemühung

7

Notieren Sie drei Wörter mit gleichem Wortstamm. Schreiben Sie die Substantive (Hauptwörter) mit großen Anfangsbuchstaben.

CHANCE — chancenreich, chancenlos, Chancengleichheit
NIVEAU — niveauvoll, niveaulos, Niveauunterschied
INTERESSE — interessant, interesselos, Interessengebiet

8

Schreiben Sie höflich und unkompliziert.

A Wir mahnen Ihr Verständnis an.
Wir bitten um Ihr Verständnis.

B Sie lügen mit der Behauptung der Verwüstung Ihres Gartens.

Es stimmt nicht, dass wir Ihren Garten verwüstet haben.

C Natürlich entschuldigen wir uns für den Lärm, aber vielleicht hat der mangelnde Schlaf auch was mit Ihrem Alter zu tun.
Bitte entschuldigen Sie, dass wir einen solchen Lärm verursacht haben.

D Wir bitten Sie aufs Höflichste um Ihre Nachsicht.
Bitte verzeihen Sie uns.

9

Situation:
Zur Feier Ihres 18. Geburtstages hatten Sie im Bürgerhaus einen Saal gemietet. Zu später Stunde ging es ziemlich hoch her und Sie hatten auch nicht mehr alles unter Kontrolle. Am nächsten Tag beschwerte sich Frau Beate Meiser, eine Anwohnerin, telefonisch bei Ihrer Mutter und drohte mit einer Anzeige wegen Ruhestörung und Sachbeschädigung.
Weit nach Mitternacht hätten Jugendliche vor ihrem Haus gegrölt und die Bitte ihres Mannes um Ruhe missachtet. Außerdem hätten sie ständig auf den Boden gespuckt.
In ihrem Garten würden weggeworfene Getränkedosen, Flaschen und Verpackungsmaterial liegen und die Äste ihres Fliederbusches seien mutwillig abgerissen worden.
Am Abend des folgenden Tages treffen Sie sich mit ein paar Freunden und reden über die Beschwerden von Frau Meiser. Dabei fallen folgende Äußerungen:

Also bei einem Geburtstag geht es nun mal etwas lauter zu als bei einer Beerdigung.

Vielleicht gibt es Richter, die weniger verbohrt sind.

Ich weiß gar nicht, wie die darauf kommt, dass wir ihren Flieder ruiniert haben sollen.

Und die Reste unserer Geburtstagsrakete haben wir auch nicht zusammengekehrt.

Es könnte natürlich schon sein, dass etwas Abfall in ihrem schönen Garten gelandet ist.

Vielleicht sollten wir ihr einen Strauß Blumen vorbeibringen.

Ich habe aber keine Lust, die Spucke vor ihrer Haustür wegzuputzen.

Aber wenn die uns tatsächlich anzeigt, werden wir wenig Chancen haben.

Und Getränkedosen gab es bei uns gar keine. Dass jemand Flaschen nach draußen nahm, kann ich mir nicht vorstellen.

Die Äste waren schon abgerissen, als ich kurz nach 8 Uhr dort stand.

Wir können ja mal hingehen und alles sauber machen.

Der Andy und der Alex haben doch ein paar Chipstüten aufgeblasen und platzen lassen.

Das ist aber auch eklig, ständig auf den Boden zu spucken. Ich möchte da auch nicht reintreten und alles in meine Wohnung tragen.

Am besten schreiben wir noch einen Brief dazu. Gut formuliert kann der Wunder bewirken.

Schreiben Sie einen Brief an Frau Meiser, in dem Sie für Verständnis werben, falsche Anschuldigungen zurückweisen und sich für mögliches Fehlverhalten entschuldigen. *Individuelle Lösung*

16 Sich bewerben

1

Streichen Sie in diesem Text die Stellen durch, die nicht in das Bewerbungsanschreiben, sondern in den Lebenslauf gehören.

Sehr geehrte Frau Schorr,
beim Maifest des Handels- und Gewerbevereins erzählte mir einer Ihrer Mitarbeiter, dass Sie dringend einen Maler suchen. Diese Gelegenheit möchte ich nutzen und mich Ihnen vorstellen.
~~Ich bin am 17.05.1989 geboren, ledig und wohne in der Moselstraße 34.~~
~~Im Augenblick befinde ich mich noch in der Ausbildung beim Malermeister Dirk Kaufmann in Weimar.~~
Ich habe alle Tätigkeitsfelder eines Malers kennengelernt und werde meine Ausbildung am 1. Juli dieses Jahres mit der Gesellenprüfung beenden.
Sie haben einen guten Ruf hier am Ort und ich würde mich freuen, wenn ich bei Ihnen arbeiten könnte, zumal auch mein Bruder bei seinem Praktikum in Ihrem Betrieb von den vielseitigen Arbeitsmöglichkeiten bei Ihnen begeistert war. ~~Ich selbst machte vor vier Jahren ein Praktikum beim Maler Stollberg in Jena.~~
~~Zu meinen Freizeitbeschäftigungen zählt neben dem Fußballspielen auch das Entwerfen von Comicfiguren.~~

2

Fügen Sie den Namen die Wörter *Straße*, *Platz*, *Weg* oder *Allee* hinzu. Besteht der Name aus mehr als einem Wort, verbinden Sie die einzelnen Wörter mit einem Bindestrich und schreiben Sie *Straße* usw. mit großem Anfangsbuchstaben.

A	Luise Rinser	Luise-Rinser-Platz
B	Schiller	Schillerstraße
C	Gabriele Wohmann	Gabriele-Wohmann-Allee
D	Goethe	Goethestraße
E	Ingeborg Drewitz	Ingeborg-Drewitz-Weg
F	Belchen	Belchenstraße
G	Rose Ausländer	Rose-Ausländer-Allee
H	Johann Wolfgang von Goethe	Johann-Wolfgang-von-Goethe-Platz
I	Rhön	Rhönweg
J	Heinrich Böll	Heinrich-Böll-Straße
K	Pfalz	Pfalzstraße
L	Walther von der Vogelweide	Walther-von-der-Vogelweide-Platz

KOMPETENZBOX

Ein Bewerbungsanschreiben verfassen

VORARBEIT

Überlegen,
- → **was von mir verlangt wird**
- → **was ich beherrsche**

Erkundigungen einholen,
- → **über den Betrieb, bei dem ich mich bewerbe**
- → **an wen die Bewerbung zu richten ist**

AUFBAU

- → **Briefkopf, Betreff, Anrede schreiben**
- → **Anlass der Bewerbung nennen**
- → **Die besondere Eignung für die angebotene Stelle beschreiben**
- → **Auf die Anforderungen eingehen, die in der Stellenanzeige genannt werden, z. B. tüchtig, aufgeschlossen, teamfähig**
- → **Möglichen Arbeitsbeginn mitteilen**
- → **Um ein Vorstellungsgespräch bitten**
- → **Grußformel**
- → **Unterschrift**
- → **Anlagen**

SPRACHE

- → **Sachlich**

BESONDERHEITEN

- → **Auf gute äußere Gestaltung achten**
- → **Weißes unliniertes DIN-A4-Papier verwenden**
- → **Bewerbungsunterlagen vor dem Abschicken noch einmal auf Vollständigkeit überprüfen (lassen)**

3

Formulieren Sie zu jeder Empfängeranschrift die Anrede.

A Möbelhaus Heinzmann
Frau Carmen Rüters
Webergasse 4
79761 Waldshut-Tiengen

Sehr geehrte Frau Rüters

B Stuhlfabrik Boll
Herrn Andreas Knauf
Würzburger Allee 124
09130 Chemnitz

Sehr geehrter Herr Knauf

C Rombach AG
Postfach 29 83
42657 Solingen

Sehr geehrte Damen und Herren

4

Vervollständigen Sie die folgende Tabelle.

Anforderungen aus der Stellenanzeige	Formulierungen im Bewerbungsanschreiben
A Möglichkeit: *tüchtig*	Die Arbeit hat mir bisher großen Spaß gemacht. Ich denke, ich werde mich auch in Zukunft engagiert in meinem Beruf einsetzen.
B zuverlässig	Möglichkeit: *Sowohl im privaten wie im beruflichen Bereich schätze ich es, wenn ich mich auf andere verlassen kann. Dieselben Anforderungen stelle ich auch an mich.*
C Möglichkeit: *flexibel*	Es fällt mir nicht schwer, mich in eine neue Gruppe einzufinden und mich neuen Gegebenheiten anzupassen.
D teamfähig	Möglichkeit: *In meinem jetzigen Arbeitsbereich klappt die Zusammenarbeit mit den Kolleginnen und Kollegen reibungslos.*

5

Setzen Sie die Substantive (Hauptwörter) passend ein.

Aufgabengebiet, Auszubildender, Betrieb, Chancen, Fähigkeiten, Filialnetz, Jahr, Möglichkeiten, Polsterarbeiten, Stand, Tätigkeiten, Technik, Unternehmen, Weiterbildungsangebote, Weiterkommen

A Da bei Ihnen viele *Polsterarbeiten* anfallen, sehe ich größere *Chancen*, meine *Fähigkeiten* einzusetzen.

B Bei dem großen *Filialnetz*, das Sie haben, sehe ich viele *Möglichkeiten* für mein berufliches *Weiterkommen*.

C Ihr *Unternehmen* ist bekannt für seine guten *Weiterbildungsangebote*. Diese möchte ich nutzen, um immer auf dem neuesten *Stand* der *Technik* zu bleiben.

D In unserem *Betrieb* wird in diesem *Jahr* kein *Auszubildender* übernommen. Sie bieten nun ein *Aufgabengebiet* an, das sich weitgehend mit meinen bisherigen *Tätigkeiten* deckt. Deshalb bin ich sehr interessiert, bei Ihnen zu arbeiten.

6

Formulieren Sie Ihren Wunsch nach beruflicher Veränderung positiv und zukunftsorientiert.

A Die Arbeit in unserem Büro ist langweilig. Deshalb möchte ich den Betrieb wechseln.

Möglichkeit: *Ich suche eine interessante Tätigkeit, bei der ich mich weiterentwickeln kann.*

B Die Kolleginnen und Kollegen in unserem Geschäft sind ganz in Ordnung, aber mit meinem Chef habe ich doch ab und zu Probleme.

Möglichkeit: *Ich suche eine neue Herausforderung und eine neue Möglichkeit, mein Können zur Geltung zu bringen.*

C Die schönen und interessanten Arbeiten werden bei uns den Jungen nicht zugetraut. Da muss man schon Jahrzehnte im Betrieb sein.

Möglichkeit: *Gerne möchte ich das, was ich gelernt habe, auch umsetzen und eine verantwortungsvolle Arbeit übernehmen.*

D Hier verdiene ich einfach zu wenig Geld.

Möglichkeit: *Ich freue mich, wenn meine Leistung und mein Einsatz gewürdigt werden.*

7

Individuelle Lösung

Notieren Sie, wie Sie einen Wechsel der Arbeitsstelle in Ihrem Beruf begründen könnten.

8

Beschreiben Sie, welche Wirkung diese Angaben im Lebenslauf auf eine Personalchefin/einen Personalchef haben könnten.

Angaben im Lebenslauf	Zusätzliche Informationen	Mögliche Wirkung
A Geburtsdatum: 27.02.1983 Geburtsort: Kembs Mutter: Marlies Gainska, Bankkauffrau	Bewerbung von Oliver am 14.05.2008, Angaben zum Vater fehlen.	*Zweifel, ob Oliver unabhängig und selbstständig ist, da er mit fast 25 Jahren noch seine Mutter im Lebenslauf erwähnt.*
B Berufliche Tätigkeit: 1½ Jahre bei einem Handelsunternehmen tätig	Zuvor wird die abgeschlossene Ausbildung erwähnt.	*Will Oliver etwas verschweigen, da er weder die genaue Tätigkeit noch den Namen des Unternehmens angibt?*
C Hobbys: Spielen am Computer, Fernsehen	Einzige Angabe unter dem Stichwort „Hobbys“	*Seine Hobbys weisen auf keine besondere berufliche Eignung hin.*
D Bad Segeberg, 20.03.2008	Bewerbungsunterlagen treffen am 14.05.2008 im Unternehmen ein.	*Unser Unternehmen ist eines unter vielen, bei denen sich Oliver bewirbt. Er macht sich nicht einmal die Mühe, den alten Lebenslauf zu aktualisieren und neu auszudrucken.*

9

Situation:

Sie erhalten von Ihrer Arbeitgeberin/Ihrem Arbeitgeber ein Arbeitszeugnis, wenn Sie den Betrieb verlassen. Das Arbeitszeugnis darf keine negativen Formulierungen enthalten. Weniger Positives wird deshalb mit speziellen Formulierungen ausgedrückt.

Schreiben Sie auf, was das einstellende Unternehmen aus den Formulierungen folgern könnte.

Formulierungen im Arbeitszeugnis	Mögliche Bedeutung der Aussage	Was das einstellende Unternehmen folgern könnte
A „Sie erfüllte ihre Aufgaben stets zur vollsten Zufriedenheit."	Sie war eine sehr gute Mitarbeiterin.	Möglichkeit: *Die Frau können wir gut gebrauchen.*
B „Er arbeitete zur vollen Zufriedenheit seiner Vorgesetzten."	Er tat, was man von ihm verlangte, mehr aber nicht.	*Wirklich unmotivierbar?*
C „Er zeigte Verständnis für die anfallenden Arbeiten."	Er zeigte keinerlei Eigeninitiative, war lasch und faul.	*Kann man nicht einstellen.*
D „Er entsprach unseren Erwartungen."	Mit seinen Leistungen waren wir nicht zufrieden.	*Auch bei Personalmangel nicht einsetzbar.*
E „Sie konnte ihre Mitarbeiterinnen und Mitarbeiter gut motivieren."	Sie konnte gut mit dem Personal umgehen.	*Man kann ihr auch schwierige Aufgaben zuteilen.*
F „Er war aktiv und wusste sich gut zu verkaufen."	Er war ein Wichtigtuer, aufdringlich, unangenehm.	*Ist ein Problemfall. Warum sollte man den einstellen?*
G „Sie war freundlich, hilfsbereit und aufgeschlossen."	Das soziale Verhalten war in Ordnung, die fachliche Leistung fehlte aber eher bei ihr.	*Für anspruchslose Arbeiten vielleicht geeignet.*
H „Er verfügt über Fachwissen und zeigt ein gesundes Selbstbewusstsein."	Sein Selbstvertrauen ist größer als sein geringes Fachwissen. Mit klugen Sprüchen übertüncht er diesen Mangel.	*Für eine Einstellung zu riskant.*

10 *Individuelle Lösung*

Stellen Sie sich ein Arbeitszeugnis aus. Notieren Sie Ihre persönlichen Daten, beschreiben Sie Ihren Tätigkeitsbereich, Ihr Verhalten gegenüber Kolleginnen und Kollegen sowie gegenüber Vorgesetzten und bewerten Sie Ihren Arbeitseinsatz. Nennen Sie am Schluss den Grund für Ihr Ausscheiden aus dem Betrieb.

17 Medien kritisch nutzen

1

a) Lesen Sie den Text aufmerksam.

b) Bearbeiten Sie ihn mithilfe der Arbeitstechnik für das stille Lesen.

- Unterstreichen Sie nur das Wichtigste.
- Markieren Sie Schlüsselbegriffe.
- Schlagen Sie unbekannte Wörter nach und schreiben Sie deren Bedeutung auf.
- Notieren Sie den Aufbau des Textes am Rand.

Mit den Ohren lesen

Immer mehr Menschen holen die Literatur aus dem Netz. Der typische Hör-Leser ist männlich, jung und mobil.

REGINA KRIEGER | DÜSSELDORF Was ist mit der zwölfjährigen Josy geschehen, die unter mysteriösen Umständen verschwand? Wurde sie entführt? Was ist los mit ihrem Vater, dem berühmten Berliner Psychiater Viktor Larenz? Wird er selbst zum Opfer seines Psychoduells mit der unbekannten Frau, die er behandelt, die unter Wahnvorstellungen leidet und die von Josys Verschwinden weiß? Sechs Stunden und sieben Minuten dauert es, bis sich das Rätsel löst – mit einem haarsträubenden Finale. So lang ist die Spielzeit des Hörbuchs „Die Therapie" von Sebastian Fitzek in der ungekürzten Version.

Einleitung: Fragen zu einem Hörbuchbeispiel

„Die Geschichte ist richtig gut und bei uns seit einem Jahr der Top-Renner", sagt Arik Meyer, Geschäftsführer der Münchener Audible GmbH. „Wir sind durch Internetrezensionen[1] auf das Buch gestoßen." Mehr als 100 begeisterte Leser hätten den 2006 im Knaur Verlag erschienenen Krimi in den höchsten Tönen gelobt. „Endlich mal kein blutiger, sondern ein sehr, sehr gut aufgebauter psychologischer Thriller", schrieb ein Fan. „Da war das Buch in den Buchhandlungen noch gar nicht bekannt", sagt Meyer.

Wie das Hörbuch zum Verkaufsschlager wurde

[…]

Noch ist die Größenordnung bescheiden – auf rund 95 000 neue Bücher pro Jahr kommen nur rund 2 000 Hörbuch-Neuerscheinungen –, doch aus den allerneuesten Zahlen lässt sich gleich ein doppelter Trend ablesen: Einmal haben Hörbücher Zuwachsraten, die nicht ohne sind. […] Zum anderen holen immer mehr Menschen sich ihr Buch aus dem Internet, es gibt in Deutschland rund 20 Portale[2]. Krimis und Science-Fiction-Hörbücher sind die Spitzenreiter unter den rund 6 000 deutschsprachigen Titeln, die Marktführer audible.de im Programm hat. […]

Trends in der Hörbuchsparte

Warum kommt die Belletristik[3] bei den Downloads erst an dritter Stelle? Die Antwort ist im User[4]-Profil zu finden und bestätigt altbekannte Weisheiten: Frauen kaufen lieber schöne Hörbücher, Romane, Erzählungen, Lyrikbände, freuen sich über die Hülle, verschenken die CDs oder hören sie zu Hause zur Entspannung. Männer stehen auf das schnelle Laden auf MP3-Player oder iPod. Der typische Hör-Leser ist 39 Jahre alt, männlich, Akademiker[5] und mobil, ergab eine unabhängige Studie über den Hörbuch-Markt, die Audible zusammen mit anderen Anbietern durchführen ließ.

Gründe für die Vorliebe zu bestimmten Hörbuchinhalten
Der typische Hörbuchleser

„Unsere Zielgruppe sind Menschen ohne Zeit", bestätigt Meyer, „passionierte[6] Vielhörer, die Wartezeiten auf Reisen oder zwischen Meetings nutzen, um sich weiterzubilden oder bei den Neuerscheinungen mitreden zu können." Menschen ohne Zeit zum Lesen, aber mit mehr Zeit zum Hören, denn die meisten Download-Kunden suchen nach ungekürzten Versionen wie bei der „Therapie".

Beschreibung der Zielgruppe (Hör-Leser)

Handelsblatt Nr. 227 vom 23.11.2007, S. 11

Worterklärungen

1 **Internetrezensionen** = im Internet veröffentlichte Buchkritiken
2 **Portale** = Internetseiten
3 **Belletristik** = Unterhaltungsliteratur, zu der weder Kriminalromane noch Science-Fiction-Literatur gehören; ein Segment des Buchmarkts
4 **User** = Nutzer
5 **Akademiker** = Menschen, die den Berufsabschluss an einer Universität erworben haben
6 **passioniert** = leidenschaftlich

2

Markieren Sie, welche der folgenden Aussagen mit dem Inhalt des Textes übereinstimmen.

A

1 Das spannende Buch wurde erst von wenigen begeisterten Kundinnen und Kunden gelesen und dann als Hörbuch verlegt.
2 Weil jemand das Buch verlegt hatte, konnte es jemand anderes finden und wurde dadurch auf das Buch aufmerksam.

B

1 Der erste Trend kann so zusammengefasst werden: Nur einmal zeigten Hörbücher hohe Zuwachsraten am Markt.
2 Der erste Trend kann so zusammengefasst werden: Hörbücher weisen hohe Zuwachsraten auf.

C

1 Die zweite Trendaussage im Text lautet: Immer mehr Menschen laden sich Bücher aus dem Internet herunter.
2 Die zweite Trendaussage im Text lautet: Immer mehr Menschen holen sich ihre Informationen aus dem Internet und nicht aus einem Buch.

D

1 Männer kaufen unterhaltsame Hörbücher seltener im Geschäft als im Internet, weil sie keinen Verpackungsmüll haben möchten.
2 Frauen kaufen eher unterhaltsame Hörbücher, wie Romane und Erzählungen, im Buchhandel statt im Internet, da sie gerne eine richtige CD und eine schöne Verpackung haben möchten.

E

1 Menschen, die Hörbücher lesen, haben wenig Zeit und kaufen deswegen kaum richtige Bücher.
2 Menschen, die Hörbücher lesen, haben kaum Zeit und wollen trotzdem ungekürzte Versionen eines Originalbuchs hören.

3

Kreuzen Sie das Adjektiv (Eigenschaftswort) an, mit dem am ehesten der bildhafte Ausdruck im vorgegebenen Satz umschrieben wird.

Beispiel:

A *Als ich im Internet etwas gesucht habe, sah ich den Wald vor lauter Bäumen nicht mehr.*
- ☐ *naturverbunden*
- ☒ *verwirrt*
- ☐ *unzufrieden*
- ☐ *ängstlich*

B Zufälligerweise fand ich dann doch noch das Produkt, nach dem ich suchte. Tja, auch ein blindes Huhn findet manchmal ein Korn, dachte ich.
- ☐ blind
- ☒ glücklich
- ☐ betrunken
- ☐ aufgeregt

C Mein Freund hatte von dem Trick bereits in der Tageszeitung gelesen. Vier Augen sehen halt doch mehr als zwei.
- ☒ umsichtig
- ☐ blind
- ☐ geschützt
- ☐ belesen

D Im Internet-Forum sahen wir dann Bilder anderer Leidensgenossen, die auch betrogen wurden – deren Blicke sagten mehr als tausend Worte.
- ☐ wütend
- ☐ redselig
- ☒ ausdrucksstark
- ☐ schweigsam

4

Notieren Sie die im Artikel genannten Vorteile, die ein Hörbuch gegenüber dem normalen Buch habe.

Man kann die Bücher schneller und bequemer erhalten, da man zum Kauf nicht in ein Geschäft gehen muss (vgl. Z. 20 f.).
Ein Hörbuch kann man leichter mit sich tragen. Außerdem hat man die Hände frei, wenn man z. B. in einer Schlange warten muss und etwas anderes halten muss (vgl. Z. 32).
Einige Menschen sparen durch Hörbücher Zeit, da sie ein Buch evtl. langsamer lesen als hören (vgl. Z. 33 f.).

5

Schreiben Sie in die rechte Spalte ein Medium, auf das die Beschreibung in der Tabelle zutrifft. Mehrfachnennungen sind möglich.

Medien: *Buch, Fernsehen, Computer, Hörbuch, Radio, Spielkonsole, Mobiltelefon, Navigationssysteme*

Beschreibung	Medium
Auditive Medien: Inhalte werden nur hörbar übertragen.	Hörbuch, Radio
Visuelle Medien: Inhalte werden nur sichtbar übertragen.	Buch, Computer
Audiovisuelle Medien: Inhalte werden sicht- und hörbar übertragen.	Fernsehen, Computer, Spielkonsole, Mobiltelefon, Navigationssysteme
Interaktive Medien: Ein Dialog zwischen Medium und Benutzer ist möglich.	Spielkonsole, Mobiltelefon
Multimedia: Zusammenwirken von verschiedenen Medientypen wie Texten, Bildern, Grafiken, Ton, bewegten Bildern, Videoclips.	Siehe audiovisuelle Medien

6

Vervollständigen Sie die folgenden Sätze um passende Begründungen oder Beispiele.

A Nachrichten kann man besser mit einem audiovisuellen Medium verstehen, denn im Fernsehen wird die Szene eines Ereignisses direkt gezeigt und nicht umschrieben.

B Multimedia-Anwendungen sind für junge Menschen interessanter, weil sie mehrere Sinne ansprechen.

C Audiovisuelle Medien, wie z. B. Navigationssysteme im Auto, sind besser als Landkarten, da die Autofahrer/innen ihre Augen auf den Verkehr richten können, während sie mit den Ohren die Richtungshinweise hören.

D Navigationssysteme kann man aber auch zu den interaktiven Medien zählen, weil die Fahrer/-innen das Fahrtziel eingeben können und das Navigationssystem bemerkt, wenn Nutzer/innen sich verfahren haben.

E Auditive Medien wie Musikgeräte oder Radios können im Auto aber auch gefährlich sein, wenn die Musik so laut ist, dass man Warnsignale anderer Verkehrsteilnehmer/innen nicht mehr wahrnimmt.

F Multimedia-Anwendungen auf Internetseiten sind manchmal sehr unübersichtlich, sodass Besucher/innen der Seite durch zu viele Sinnesreize abgelenkt werden und die eigentliche Information nicht finden.

G Auch ein Fernseher, der eigentlich ein audiovisuelles Medium ist, kann von gehörlosen Menschen genutzt werden, wenn Untertitel eingeblendet oder die Nachrichten von Dolmetscherinnen oder Dolmetschern in Gebärdensprache übersetzt werden.

7

Schreiben Sie die Sätze in der richtigen Groß- und Kleinschreibung und trennen Sie die Sätze (auch Infinitivsätze/Grundformsätze) durch Komma ab.

A Ein Bild sagt mehr als tausend Worte.
B Man sagt, Fotos bilden immer die Realität ab.
C Aber mit den heutigen Programmen zur Bildbearbeitung kann man ein Original leicht verändern.
D Doch auch früher hat man manche Bilder nachträglich bearbeitet, um bestimmte Situationen zu ändern.
E Dabei reicht es in einzelnen Fällen bereits aus, einen anderen Bildausschnitt zu wählen, damit eine andere Meinung dargestellt werden kann.
F Wenn dadurch zum Beispiel ein Mensch nicht abgebildet wird, dann fehlt er in einem Bericht über das Ereignis.
G Das Ganze kann ein Berichterstatter auch erreichen, indem er einfach kein Wort über diese Person verliert.
H Von der Person wird dann nicht berichtet, die beschriebene Wirklichkeit verändert sich dadurch ebenfalls.

1

a) Lesen Sie den Text.

Die rechte und die linke Hirnhälfte

Unser Gehirn teilt sich in eine rechte und in eine linke Gehirnhälfte, die jeweils verschiedene Aufgaben übernehmen.
Die rechte Hirnhälfte arbeitet „analog“, erfasst Dinge ganzheitlich, stellt Zusammenhänge her, fasst Teile zusammen, anstatt sie einzeln zu betrachten. Die rechte Hälfte denkt in Bildern, erinnert an Personen und Gefühle, Erlebtes und Schauplätze. Die kreativen Fähigkeiten sind hier verankert, die Musikalität, das Kunstverständnis, die Fähigkeit zu zeichnen und zu malen. Auch die Körpersprache, die sich in Gestik und Mimik ausdrückt, wird von hier aus gesteuert.
Die linke Hirnhälfte übernimmt das Erlernen und Behalten einer Sprache, das Zerlegen eines Wortes in Buchstaben. Das logische Denken ist hier verankert, das z. B. in der Mathematik und in den Naturwissenschaften eine Rolle spielt, das Gliedern eines Sachverhalts in einzelne Details, das Strukturieren und Planen. Sie ist „digital“ organisiert und arbeitet analytisch, ähnlich wie ein Computer, speichert abstrakte Informationen, insbesondere Texte und Tabellen.

b) Ergänzen Sie die Mindmap, in der dieser Text umgesetzt wird.

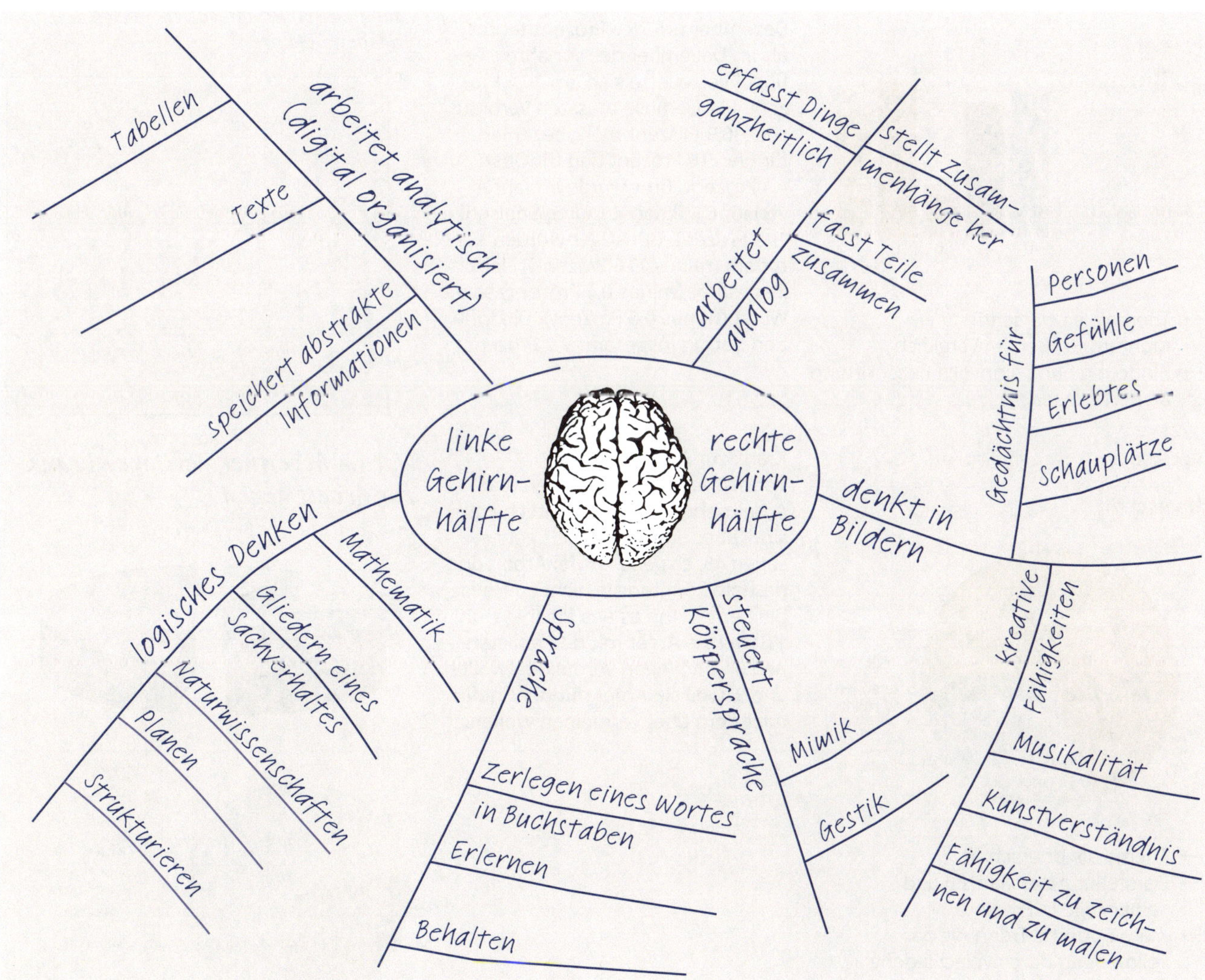

2

Visualisieren Sie die Texte der mittleren Spalte.

Visualisierungsmöglichkeiten | Texte | Visualisierungen

Tabelle

Überschrift

Jahr / Menge	Bereich I	Bereich II
2005	Menge 1	Menge 1
2006	Menge 2	Menge 2
2007	Menge 3	Menge 3
2008	Menge 4	Menge 4

→ Thema als Überschrift
→ Angabe zu den Maßeinheiten
→ Darstellung von Vergleichen und Entwicklungen

Fahrzeugzulassungen
Die Talfahrt bei den Neuzulassungen von Pkw setzt sich fort. Bei ausgewählten Autotypen zeigt sich folgendes Bild: Lag der Golf im ersten Quartal des letzten Jahres noch bei 49.378 Zulassungen, so sind es im gleichen Zeitraum in diesem Jahr 43.960, beim BMW 3er stehen 26.525 Zulassungen im ersten Quartal des letzten Jahres 21.657 im ersten Quartal dieses Jahres gegenüber; beim Opel Astra stehen den 24.958 Zulassungen 18.893 im gleichen Zeitraum dieses Jahres gegenüber; eine ähnliche Zulassungstendenz zeigt sich beim Audi A4 (23.447 gegenüber 18.285) und beim VW Polo (18.304 gegenüber 17.309).

Neuzulassungen von PKW

Fahrzeugtyp	1. Quartal letztes Jahr	1. Quartal dieses Jahr
Golf	49.378	43.960
BMW 3er	26.525	21.657
Opel Astra	24.958	18.893
Audi A4	23.447	18.285
VW Polo	18.304	17.309

Balkendiagramm

Überschrift

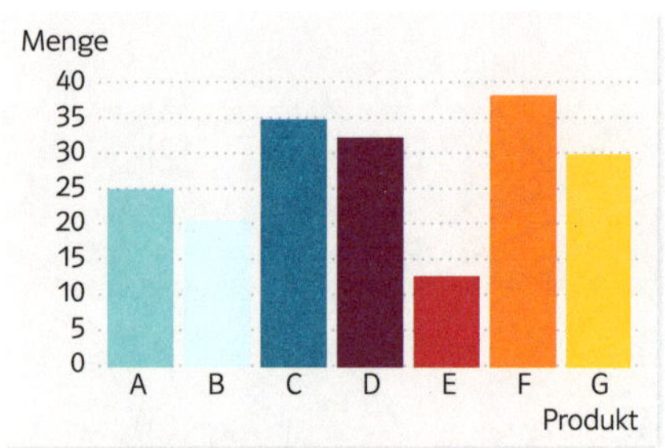

→ Thema als Überschrift
→ Mehrere Größen im Vergleich
→ Eindeutige und sinnvolle Beschriftung an den Achsen

Lebensmittel wurden um bis zu einem Drittel teurer
Milch und Milchprodukte waren im Dezember um 28,6 Prozent teurer als im Dezember des Vorjahres, Geflügel verteuerte sich um 20,4 Prozent. Für Gemüse mussten Verbraucher 10,3 Prozent mehr bezahlen, für Eier 9,5 Prozent und für Obst 4,4 Prozent. Brot wurde im Jahresverlauf 8,5 Prozent teurer, Speiseöl 13,3 Prozent. Günstiger wurden Kartoffeln (minus 19,6 Prozent), Fleisch insgesamt (minus 0,4 Prozent) sowie Wurst (minus 0,6 Prozent). Die Inflation betrug insgesamt 2,2 Prozent.

Teuerungsrate der Lebensmittel
Vergleich der Preise von Dezember zum gleichen Monat des Vorjahres. Angaben in Prozent.

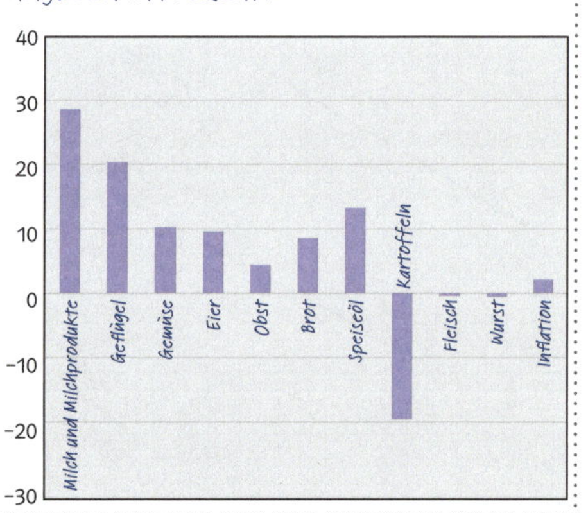

Kreis- oder Tortendiagramm

Überschrift

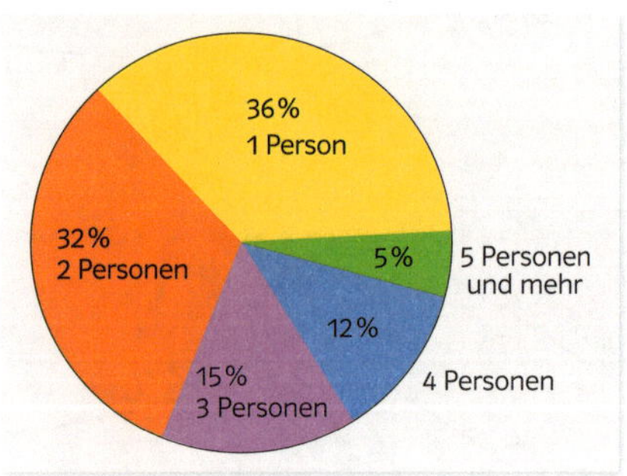

→ Thema als Überschrift
→ Darstellung des Ganzen und seiner Teile in Prozent
→ Klare optische Trennung der Teilmengen durch verschiedene Farben oder Schraffuren

Krank zur Arbeit
Von 100 Arbeitnehmerinnen und Arbeitnehmern, die eigentlich krank sind, aber doch zur Arbeit gehen, sagen 48, es gebe zu viel Arbeit und deshalb könnten sie nicht zu Hause bleiben; 30 tun es aus Pflichtgefühl, 13, weil sie Ärger mit den Kolleginnen und Kollegen vermeiden wollen, und 9, weil sie Ärger mit der Chefin oder dem Chef vermeiden wollen.

Warum Arbeitnehmer/innen krank zur Arbeit gehen
Angaben von 100 Befragten

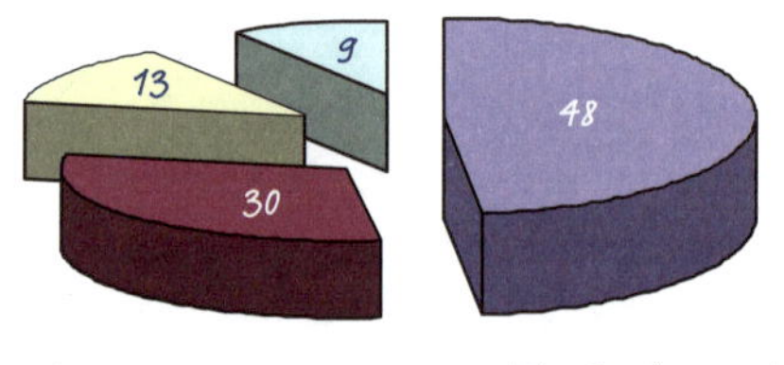

oder

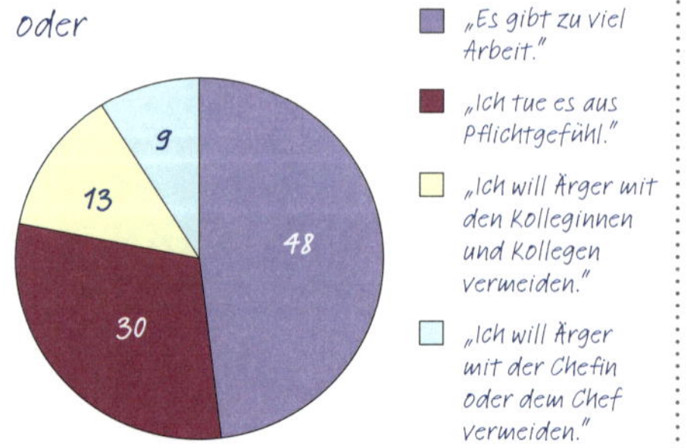

Visualisierungsmöglichkeiten	Texte	Visualisierungen
Kurvendiagramm Überschrift 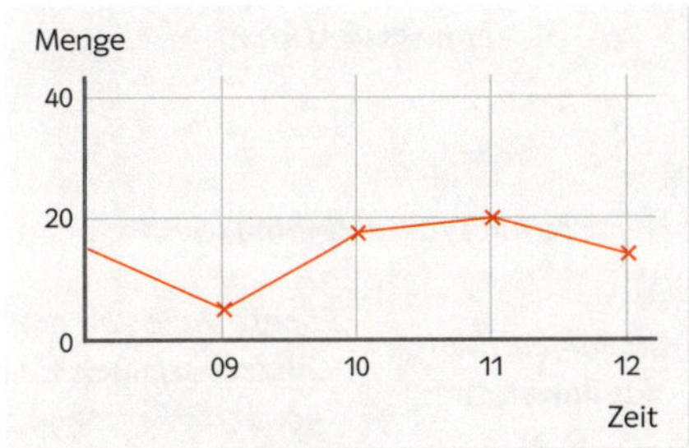 → Thema als Überschrift → Darstellung von Entwicklungen über einen bestimmten Zeitraum → Angabe der Zeit auf der horizontalen Achse → Angabe der Menge auf der vertikalen Achse	Verkaufszahlen wechselhaft Die Verkaufszahlen der X-Klasse entwickelten sich in den vergangenen Jahren sehr wechselhaft. Ein klarer Trend ist hier nicht erkennbar. Das Rekordjahr von 2007 konnte bisher nicht wieder erreicht werden. Die Zahlen beziehen sich jeweils auf das erste Quartal des Jahres, da hier erfahrungsgemäß die meisten Autokäufe getätigt werden. 2008: 15.290; 2007: 20.065; 2006: 13.523; 2005: 17.723; 2004: 19.452.	Verkaufszahlen der X-Klasse wechselhaft Verkaufszahlen jeweils im ersten Quartal des Jahres 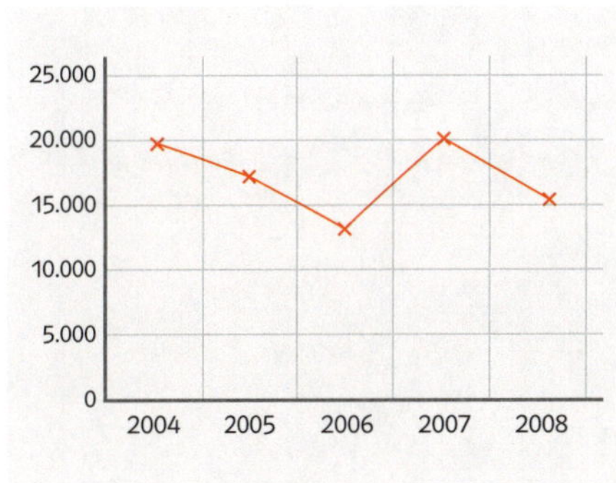
Strukturbild Überschrift 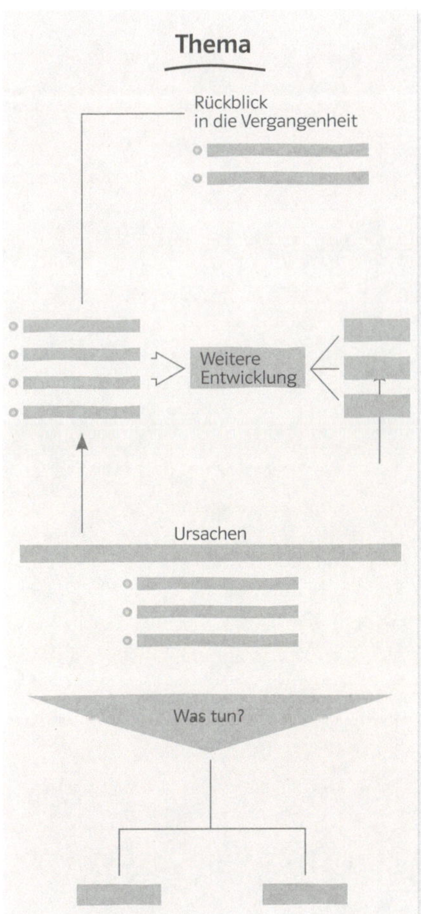 → Thema als Überschrift → Darstellung von Beziehungen und Abhängigkeiten → Darstellung von Ursache und Wirkung	Viele Auszubildende stehen in der Ausbildung vor immer neuen unbekannten Aufgaben. Oft denken sie: „Das kann ich nicht." Dieses negative Denken kann zu ängstlichem und übervorsichtigem Handeln führen. Daraus entstehen Fehler und Misserfolge. Der Chef ist unzufrieden und kritisiert die Leistung. Dieses Ergebnis nennt man auch negatives Feedback. Es ist ein Teufelskreis: Das Gefühl des Versagens und der eigenen Unfähigkeit verstärkt sich. Es scheint, als sei das anfängliche negative Denken richtig gewesen.	Der Teufelskreis des negativen Denkens 

Visualisierungsmöglichkeiten

Organigramm

Überschrift

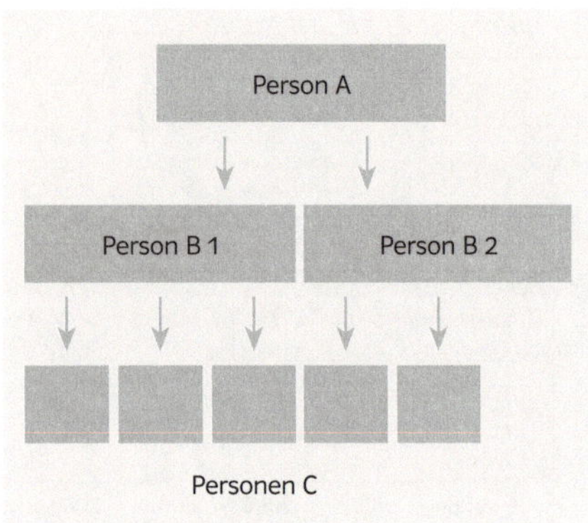

- → Thema als Überschrift
- → Darstellung von Beziehungen und Abhängigkeiten
- → Darstellung von Personengefügen

Texte

Im staatlichen Aufbau der Bundesrepublik Deutschland ist der Bundespräsident das Staatsoberhaupt. Er wird von der Bundesversammlung alle fünf Jahre gewählt. Die Bundesversammlung besteht aus den Abgeordneten des von der wahlberechtigten Bevölkerung gewählten Bundestages und der gleichen Anzahl von Personen, die von den Länderparlamenten gewählt werden. Die Zusammensetzung der Länderparlamente wird bei Landtagswahlen, die des Bundestages bei Bundestagswahlen festgelegt.

Visualisierungen

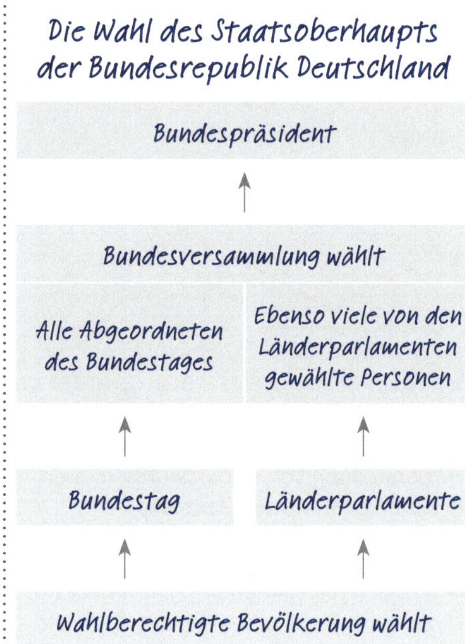

3

a) Lesen Sie den folgenden Text.

Die Angst der Manager/innen

TEURER GRIFF ZU ARZNEIMITTELN

[…] Wie eine Langzeitstudie der Fachhochschule Köln ergeben hat, grassiert in den Führungsetagen deutscher Unternehmen die Angst vor dem Scheitern und sie ist umso stärker, je tiefer man fallen könnte. Da Angst aber nicht zum Image der Managerin/des Managers gehört, wird sie beharrlich verdrängt – mit fatalen[1] Folgen nicht nur für die Betroffenen, sondern auch für die Wirtschaft und das Gesundheitswesen. Allein den Unternehmen entstehen infolge solcher Ängste jährliche Verluste von 50 Milliarden Euro […]. Die meisten Betroffenen sind allen Bemühungen zum Trotz in ihrer Leistungsfähigkeit eingeschränkt. Besonders schlimm wird es, wenn sie zu Alkohol und Medikamenten greifen. Allein der Arzneimittelmissbrauch von Managerinnen/Managern verursacht jährlich Kosten von 10 Milliarden Euro, da von einer Leistungsminderung von 20 Prozent ausgegangen werden kann. Auf der Angstskala rangiert […] an oberster Stelle die Sorge um den Arbeitsplatz, zu der sich 70 Prozent der befragten Führungskräfte bekennen. Mit 68 Prozent folgt die Angst vor Krankheit oder einem Unfall. Unter den jüngeren Managerinnen und Managern liegt die Rangfolge umgekehrt. Sie fürchten sich am meisten davor, krank zu werden und während dieser Zeit von einer Konkurrentin oder einem Konkurrenten ausgestochen zu werden. An dritter Stelle steht die Angst davor, Fehler zu machen. Sehr groß ist ferner die Angst vor […] gezielten Falschinformationen vonseiten missgünstiger Rivalinnen und Rivalen.

Gerade letztere Angst ist in den letzten Jahren von 32 auf 44 Prozent gewachsen. Mobbing macht auch vor den Führungsetagen nicht Halt […]. Auffällig sind […] auch die folgenden Veränderungen: Von März 1997 bis März 2000 stieg die Furcht vor einem Autoritätsverlust von 29 auf 35 Prozent, vor Innovationen im Betrieb von 27 auf 34 Prozent und vor Überforderung infolge überhöhter Leistungsanforderungen von 13 auf 19 Prozent. […] Einen Ausweg kann es den Kölner Wirtschaftswissenschaftlern zufolge nur geben, wenn die Angst enttabuisiert[2] wird, wenn offen darüber gesprochen wird. In Unternehmen muss eine Kultur des offenen Gesprächs eingeführt werden, wo Manager/innen ihre Sorgen artikulieren[3] dürfen.

Annedore Smith: Manager in ständiger Angst vor dem großen Fall. Artikel v. 04.07.2000 Frankfurt/Main (AP)

Worterklärungen

1 **fatal** = verhängnisvoll
2 **enttabuisieren** = nicht mehr wie etwas Verbotenes behandeln
3 **artikulieren** = deutlich aussprechen

b) *Individuelle Lösung*

Visualisieren Sie jeden Abschnitt mit einer geeigneten Möglichkeit. Setzen Sie über jede Darstellung eine passende Überschrift.

4

Bilden Sie jeweils ein Verb (Tätigkeitswort) und ein Adjektiv (Eigenschaftswort) mit dem gleichen Wortstamm und schreiben Sie diese mit kleinen Anfangsbuchstaben.

Substantive (Hauptwörter)	Verben	Adjektive
A Sympathie	*sympathisieren*	*sympathisch, unsympathisch*
B Verständnis	*verstehen*	*verständig, verständnisvoll*
C Gefühl	*fühlen*	*gefühlvoll, gefühllos*
D Wirkung	*wirken*	*wirkungsvoll, wirkungslos*

5 *Individuelle Lösung*

Lesen Sie den folgenden Text und visualisieren Sie ihn in einem Strukturbild.

Vorgetäuschte Sympathie verärgert Kunden

Zum Job eines guten Verkäufers gehört es, den Kunden zufriedenzustellen. Doch was, wenn die Chemie so gar nicht stimmt? Bloß keine falsche Sympathie vortäuschen, raten Experten.

Ein Verkaufsgespräch ist eine recht persönliche Angelegenheit. Der Kunde äußert einem Fremden gegenüber private Bedürfnisse und Wünsche und möchte häufig entsprechend feinfühlig und verständnisvoll behandelt werden. Dies wird schwierig, wenn nur allzu schnell deutlich wird, dass die beiden Parteien sich eigentlich nicht sonderlich gut leiden können. Professionelle Verkäufer setzen in solchen Situationen häufig auf die Vorspiegelung falscher Tatsachen: ein falsches Lächeln, ein wenig geheucheltes Verständnis – klassische Basiskenntnisse der meisten Händler.

Marketingforscher der Universität Wien haben nun jedoch herausgefunden, dass diese beliebte Strategie den Verkaufserfolg erheblich schmälert. Katharina Srnka, Claus Ebster und Sabine Koeszegi vom Institut für Betriebswirtschaftslehre der Universität Wien untersuchten in einer Studie mit 270 Akteuren, wie die jeweilige Sympathie zwischen Käufer und Anbieter das Verkaufsergebnis beeinflusst. Das Ergebnis: Für den unmittelbaren Verkauf einer Ware ist es zwar nicht unbedingt ausschlaggebend, ob der Verkäufer ehrlich ist oder sein Interesse für den Kunden nur vortäuscht. Beide Verkäufertypen bringen in etwa gleich viele Güter an den Mann. Der Unterschied zeigt sich jedoch im Nachhinein: Kunden, die das Gefühl hatten, mit einem falschen Lächeln bedient worden zu sein, waren später insgesamt unzufriedener mit dem Kauf.

Die Wissenschaftler erklären dieses Phänomen[1] mit den vielen Signalen der Körpersprache, die wir unbewusst aussenden. Wenn ein Verkäufer Sympathie simuliert[2], stimmt sein Verhalten daher zumeist mit seinen nonverbalen[3] Signalen nicht überein – die Gestik und Mimik verraten die wahren Gefühle.

Um die Kunden auch auf lange Sicht zufriedenzustellen, raten die Experten daher, vom falschen Lächeln abzulassen und den Kunden lieber ernst und sachlich zu beraten, wenn die Chemie nicht stimmt. Noch besser wirke allerdings, so Srnka und ihre Kollegen, wenn der Verkäufer den Kunden an einen Kollegen übermittle, der besser mit ihm klarkomme.

www.pm-magazin.de/de/wissensnews/wn_id1492.htm, abgerufen am 22.02.2008 © pm-magazin.de 2005

Worterklärungen

1 **Phänomen** = Erscheinung
2 **simulieren** = vorgeben, etwas zu tun
3 **nonverbal** = nicht sprachlich

6 *Individuelle Lösung*

Visualisieren Sie folgende Informationen.

Wir verankern in unserem Gedächtnis von dem, was wir lesen, nur 10 %. Ähnlich erstaunlich ist die Tatsache, dass wir nur 20 % von dem behalten, was wir hören. Wenn wir etwas sehen, wird die Verankerung im Gedächtnis schon etwas besser, immerhin 30 % davon bleiben haften. Sehen und hören wir gleichzeitig etwas, behalten wir schon 50 %. Und von dem, was wir selbst sprechen, speichern wir 70 %. Am besten verankert werden Dinge, die wir selbst tun, nämlich 90 %.

7

a) Formulieren Sie für den folgenden Text eine passende Überschrift.

Möglichkeit: *Was bei einer Präsentation wirkt*

Wer eine Präsentation, ein Referat oder eine Rede vorbereitet, wird darauf achten, dass alle Inhalte korrekt, gut strukturiert und für das Publikum interessant sind. Doch es kommt nicht nur auf den Inhalt an, sondern auch auf die „Verpackung". Zur „Verpackung" gehört neben der Visualisierung die Rednerin/der Redner selbst. So hat man festgestellt, dass bei einer Präsentation nur zu 5 % der Inhalt für die Wirkung verantwortlich ist, dagegen aber 40 % der Stimme zugeschrieben werden können und mit 55 % wirkt die Körpersprache auf die Zuhörer/innen.

b) *Individuelle Lösung*

Visualisieren Sie den Text.

19 Präsentieren

1

Kreuzen Sie an, welche Einführung zur Vorstellung von Arbeitsergebnissen den in der Kompetenzbox genannten Anforderungen entspricht.

☐ **A** Also, wir mussten in der vergangenen Stunde eine Collage zum Thema „Ich richte meine erste Wohnung ein" erstellen. Ich zeige euch jetzt die Ergebnisse. Seht selbst, was dabei herausgekommen ist.

☐ **B** Um den Finanzierungsbedarf für unsere Wohnung zu klären, haben wir zunächst eine Collage erstellt, auf der wir unsere Wünsche an eine schicke, gemütliche Wohnung mit Hilfe von Möbeln aus Katalogen darstellten. Dass Möbel Geld kosten, war uns auch vorher klar, aber dass eine Wohnungseinrichtung für 45 qm so viel kostet, hat uns schon umgehauen. Wir haben dann noch einmal unsere Wünsche reduziert, um nicht gleich in der ersten Wohnung mit so viel Schulden starten zu müssen. Ihr seht also auf unserem Plakat eine Gegenüberstellung der Wunscheinrichtung mit der preiswerteren Variante.

☒ **C** Wir haben in unserer Gruppe zu dritt gearbeitet: Michaela, Maximilian und ich. Wir hatten die Aufgabe, zu dem Thema „Ich richte meine erste Wohnung ein" eine Collage anzufertigen. Zunächst stellten wir unsere Wunschwohnung dar, bemerkten aber bald, dass sie für unsere Verhältnisse zu teuer war. Deshalb seht ihr jetzt zwei Varianten: die Wunschvariante und die für uns realistische Wohnung. Beide Varianten stellen wir euch vor. Zunächst beschreiben wir die Einrichtung beider Wohnungen, dann gehen wir auf die Kosten ein. Am Schluss könnt ihr Fragen an uns richten.

KOMPETENZBOX

Arbeitsergebnisse vorstellen

Die Vorstellung der Arbeitsergebnisse dient der Information und bildet die Grundlage für die weitere Arbeit.

Eine solche Vorstellung muss deshalb bestimmte Kriterien erfüllen.

EINFÜHRUNG

Das Publikum wird darüber informiert,

- **wer in der Gruppe mitgearbeitet hat,**
- **welches Thema bearbeitet wurde,**
- **wie die Gruppe bei ihrer Arbeit vorgegangen ist,**
- **was nun vorgetragen werden soll.**

AUFBAU

Der Vortrag wird so strukturiert, dass

- **der Gedankengang nachvollzogen werden kann (*„Zuerst stellen wir dar, dann … und schließlich …"*),**
- **der rote Faden erkennbar ist; z. B. durch Gegenüberstellen von Vorteilen und Nachteilen, Aufzeigen einer Entwicklung: Gestern – heute – morgen (*„Gestern noch haben wir Briefe geschrieben … Heute schreiben wir E-Mails … Morgen läuft alles über Videokonferenzen – das sind die Kommunikationsformen der Zukunft."*)**

VERSTÄNDLICHKEIT

Eine für die Zielgruppe angemessene und treffende Ausdrucksweise wird verwendet.

ANSCHAULICHKEIT

Die Darstellung wird anschaulich, indem

- **Gegenstände, Bilder oder Zeichnungen eingesetzt werden,**
- **ein Ablaufplan und Anschriebe über die wichtigsten Aussagen angefertigt werden.**

AUSFÜHRLICHKEIT

Die Ausführlichkeit ist angemessen, wenn das Zielpublikum den Vortrag verstehen kann.

DISKUSSIONSPROZESS IN DER GRUPPE

Wenn es in der Gruppe unterschiedliche Meinungen oder Verständnisprobleme gab, werden diese dargestellt und die unterschiedlichen Positionen benannt.

ERGEBNISSE

Die wichtigsten Ergebnisse können noch einmal zusammengefasst werden.

2

Begründen Sie, in welchem Auszug aus einer Präsentation ein roter Faden erkennbar ist.

A Ausgehend von der Collage haben wir den monatlichen Finanzbedarf ausgerechnet. Für die Rückzahlung des Kredites rechnen wir 50 € ein, die Warmmiete beträgt 230 €, für Strom rechnen wir 20 €, ein Telefon brauchen wir nicht, denn wir haben bereits ein Vertragshandy, das pro Monat 25 € kostet. ... Die Einnahmen haben wir dagegengerechnet.
Michaela hat geklärt, welche rechtlichen Fragen man vor Abschluss eines Mietvertrages klären muss. Maximilian hat den Vorgang des Ummeldens recherchiert. Ich habe dann lange telefoniert, um einen preiswerten Anhänger für den Umzug zu mieten. Das ist der Weg von der ersten Planung bis zum Einzug in unsere erste eigene Wohnung.

B Nachdem wir euch unsere gewünschte Wohnungseinrichtung und die Kosten hierfür vorgestellt haben, wird Michaela erläutern, was rechtlich beim Abschluss eines Mietvertrages zu beachten ist. Maximilian stellt danach einen Ablaufplan vor: von der Wohnungssuche bis zum Ummelden nach dem Einzug. Dazu wird er auch eine Liste mit Tipps austeilen. Zunächst aber spricht Michaela.

In Variante B ist der rote Faden gut erkennbar, weil sie den Ablauf der Präsentation in seinen wesentlichen Stationen wiedergibt und die Zuhörerinnen und Zuhörer darüber informiert werden, wer was in welcher Reihenfolge sagt.

3

Streichen Sie die Mittel der Veranschaulichung, die dem Publikum und dem Ziel nicht entsprechen.

Maximilian hat den Ablauf von der Wohnungssuche bis zum Ummelden nach dem Einzug auf einem Flipchartbogen als Landkarte dargestellt. Die gleiche Darstellung gibt es auf einem DIN-A4-Blatt für die Schülerinnen und Schüler, sodass diese noch ihre eigenen Notizen machen können.
~~Er teilt allen einen Ummeldebogen aus, eine Liste mit Adressen von Möbelspeditionen am Schulort und Internetadressen zur Wohnungssuche. Adressen von Möbelhäusern zeigt er auf Folie. Zudem fertigt er für jeden eine Kopie der Rubrik „Vermietungen" aus der Tageszeitung seiner Heimatstadt an.~~

4

Trennen Sie die Sätze durch Komma ab.

A Beim Lesen des Mietvertrages muss man darauf achten, was dort zum Punkt Renovieren steht.
B Meistens möchte man die Wohnung so gestalten, wie sie einem gefällt.
C Wenn dann im Vertrag steht, die Wohnung sei beim Auszug renoviert zu übergeben, ist das mehr als ärgerlich.
D Auch die Regelungen bezüglich der Gemeinschaftswaschküche können lästig sein, wenn man zum Beispiel viel Sport treibt und von den vorgegebenen Waschtagen unabhängig sein möchte.
E Ich finde, eine Waschwochenregelung ist total überflüssig.
F Beim Zusammenrechnen der Einzelposten ist uns erst klar geworden, wie hoch die Fixkosten für eine Wohnung sein können.
G Daneben müssen natürlich auch alle anderen festen Kosten aufgerechnet werden, damit deutlich wird, ob am Ende des Monats noch Geld übrig bleibt.

5

Führen Sie den Text fort, indem Sie die unterschiedlichen Positionen in der Gruppe wiedergeben.

Es machte Spaß, an diesem Thema „Erste Wohnung" in der Gruppe zu arbeiten, aber da wir einen so unterschiedlichen Geschmack hatten, ...
Möglichkeit:
war es nicht ganz einfach, zu einer Einigung zu kommen.
Die einen wollten die Wohnung ganz modern einrichten, mit nur wenigen Möbeln, aber großer Musikanlage, andere wiederum wollten eher das nachahmen, was sie von zu Hause aus gewohnt waren, wieder andere hatten nur Luxus- und Designermöbel im Kopf. So dauerte es einige Zeit, bis wir eine praktikable Lösung fanden, die das Nützliche mit dem Ansprechenden verband.

20 Mit literarischen Texten umgehen

1

Lesen Sie das Gedicht.

Wie es anfängt

Ich nehme bei jedem Klingeln den Hörer ab
Wenn er sich meldet sag ich Hallo und Gehts gut
Frage ihn ob er gerne Kartoffeln isst
Und wie ers hält mit der Emanzipation

Er geht gern durchs Gebirge sagt er ich sage ich auch
Er empfiehlt mir einen Aufsatz zu lesen ich lese
Ich beschimpfe das Wetter. Er sagt schön Sie zu hören.
Ich putze den Telefonapparat er funkelt durch Tag und Nacht.

Ulla Hahn: Wie es anfängt. In: Ulla Hahn: Süßapfel rot. Gedichte. Reclam Verlag, Stuttgart 2003, S. 19

2

Kreisen Sie die Themen ein, um die es in diesem Gedicht geht.

- Langeweile
- Gleichgültigkeit
- Einsamkeit
- Liebe
- Hass
- **Sehnsucht**
- **Der Beginn einer Beziehung**
- **Verliebt sein**
- Verheiratet sein
- Abschied
- Eifersucht
- Angst
- Verzweiflung
- **Freundschaft**

3

Vervollständigen Sie das Cluster mit Gedanken, die Ihnen zum Thema „Der Beginn einer Beziehung“ einfallen.

Möglichkeit:

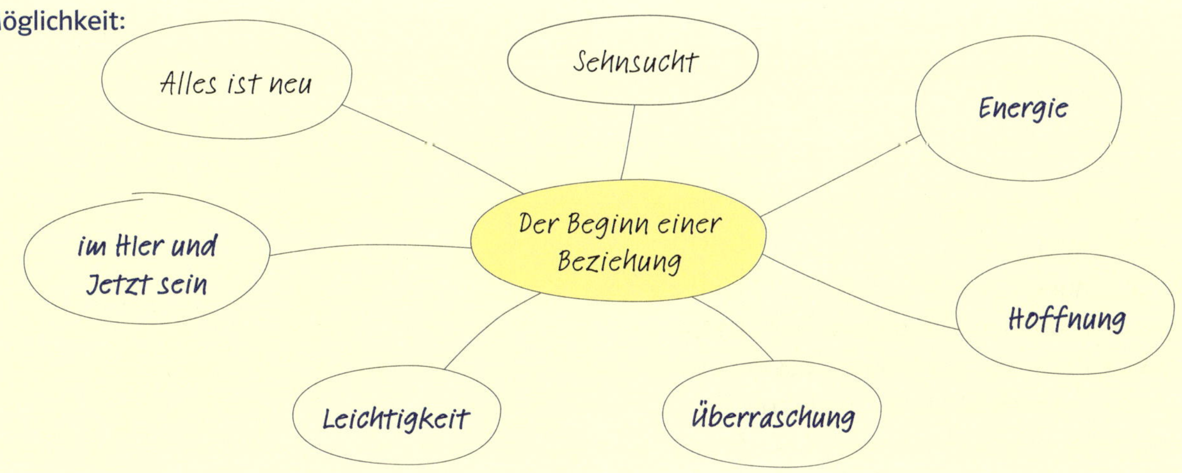

4

Entscheiden Sie, welche Aussagen korrekt sind, und kreuzen Sie diese an.

A Das Gedicht „Wie es anfängt“ findet sich in dem
☐ Gedicht ☒ Sammelband ☐ Roman
Süßapfel rot von Ulla Hahn, der 2003 im Reclam Verlag in Stuttgart erschienen ist.

B Das lyrische Ich beschreibt in dem Gedicht
☒ den Beginn ☐ das Ende ☐ das Zerbrechen
einer Beziehung.

C In den beiden vierzeiligen
☐ Versen ☐ Zeilen ☒ Strophen
wird ein Telefongespräch wiedergegeben.

D Die Gesprächsinhalte sind sehr
☐ anstrengend ☐ spannend ☒ banal.

E Zu Beginn der ersten Strophe
☒ betont ☐ verschweigt ☐ verneint
das lyrische Ich, dass es „bei jedem Klingeln“ ans Telefon geht (Z. 1).

F Hier wird deutlich, dass es den Anruf einer bestimmten Person auf keinen Fall verpassen will und in ständiger
☒ Hoffnung auf diesen Anruf
☒ Erwartung des Anrufes
☒ Aufregung wegen dieses Anrufes
lebt.

G In den folgenden Zeilen (Z. 2–7) erzählt
☐ die Autorin ☐ der Verfasser ☒ das lyrische Ich
den Verlauf eines solchen Telefongesprächs, das sich ergibt, „wenn er sich meldet" (Z. 2).

H In diesem Gespräch geht es um
☐ außergewöhnlich spannende
☐ hochkomplexe, sehr abstrakte
☒ gewöhnliche, alltägliche
Dinge.

I Das lyrische Ich sagt „Hallo", erkundigt sich nach dem ☐ Betragen ☒ Befinden ☐ Benehmen
des Gesprächspartners (Z. 2), möchte wissen, „ob er gerne Kartoffeln isst" (Z. 3), und fragt ihn nach seiner Meinung zum Thema „Emanzipation" (Z. 4).

J In der zweiten Strophe erfahren wir etwas über die ☒ Vorlieben ☐ Vorzüge ☐ Vorkenntnisse
des Gesprächspartners: Offenbar wandert er gern (vgl. Z. 5).

K Diese Vorliebe wird von dem lyrischen Ich
☐ abgelehnt ☒ geteilt ☐ gesehen.

L Des Weiteren wird deutlich, dass der Gesprächspartner ein interessierter
☐ Professor ☐ Autor ☒ Leser
ist.

M Auf seine Empfehlung hin liest das lyrische Ich
☐ ein Gedicht ☐ einen Roman ☒ einen Aufsatz.

N In den beiden Zeilen 5 und 6 werden die
☒ Gemeinsamkeiten
☐ Unterschiede
☐ Probleme
zwischen dem lyrischen Ich und seinem Gesprächspartner betont.

O ☒ Der Gleichklang
☐ Die Gleichgültigkeit
☐ Die Gleichung
zwischen den beiden wird dadurch verstärkt, dass beide Zeilen damit beginnen, dass er etwas tut und das lyrische Ich darauf in gleicher Weise antwortet: „Er geht […] ich auch" (Z. 5), „Er empfiehlt […] zu lesen ich lese" (Z. 6).

P In diesen beiden Zeilen wird der Wunsch des lyrischen Ichs, ganz und gar im Einklang mit dem Gesprächspartner zu sein, auch dadurch zum Ausdruck gebracht, dass auf
☐ Sätze ☐ Satzanfänge ☒ Satzzeichen
ganz verzichtet wird: Nichts steht zwischen den beiden.

Q Der nächste Gesprächsinhalt ist
☐ der Urlaub ☐ die Freizeit ☒ das Wetter (Z. 7).

R Das lyrische Ich
☒ beklagt ☐ freut ☒ ärgert
sich darüber (vgl. Z. 7).

S Darauf reagiert der Gesprächspartner, indem er zum Ausdruck bringt, dass er sich gerne mit dem lyrischen Ich
☐ streitet ☐ ärgert ☒ unterhält.

T Damit endet offenbar das Telefongespräch. Wir erfahren, dass das lyrische Ich das Telefon
☐ aus dem Fenster wirft
☐ ans Fenster stellt
☒ putzt, bis es blitzblank ist.

5

Tragen Sie in das Cluster Wörter und Begriffe ein, die Sie mit dem Verb „funkeln" verbinden.

Möglichkeit:

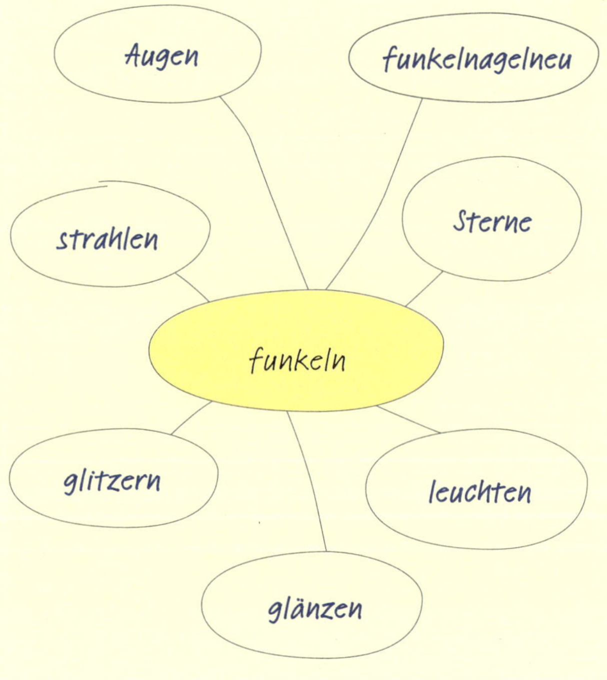

6

Die achte Zeile des Gedichts, „Ich putze den Telefonapparat er funkelt durch Tag und Nacht", enthält einige Doppeldeutigkeiten.

a) Beschreiben Sie die beiden Bedeutungen des Personalpronomens „er", indem Sie den vorgegebenen Satz vervollständigen.

Einerseits bezieht sich dieses „er" (Z. 8) auf den Telefonapparat, andererseits bezieht es sich auch auf den Gesprächspartner.

b) Beschreiben Sie die beiden Bedeutungen des Funkelns, indem Sie den vorgegebenen Satz vervollständigen.

Einerseits geht ein gewisser Glanz von dem Telefon aus, weil das lyrische Ich das Telefon putzt, *andererseits leuchtet das Telefon, bildlich gesprochen, weil er* angerufen hat.

7

Setzen Sie dort, wo es nötig ist, jeweils ein Komma.

Das Gedicht bringt durch die Wiedergabe banaler alltäglicher Gesprächsinhalte zum Ausdruck, dass zu Beginn einer Beziehung nichts langweilig ist und dass der Beginn einer Beziehung alles, was alltäglich ist, zu etwas Besonderem macht und zum Strahlen bringt. Am Anfang einer Beziehung ist es gar nicht so wichtig, worüber man spricht, man möchte einfach nur mit dem anderen in Kontakt sein. Jedes banale Telefongespräch setzt eine ungeahnte Freude und Energie frei. Diese Freude verwandelt auch alltägliche Gegenstände in funkelnde Sterne: Alles glitzert und glänzt, alles ist neu, alles erstrahlt in neuem Glanz. Dieser strahlende Glanz des Anfangs einer Beziehung wird in diesem Gedicht sehr anschaulich zum Ausdruck gebracht.

8

Verfassen Sie selbst ein Gedicht, das den Beginn einer Beziehung thematisiert, indem Sie die vorgegebenen Satzanfänge vervollständigen.

Möglichkeit:

Sobald mein Handy-Klingelton ertönt, geh ich dran

Wenn er sich meldet, sag ich Hallo

Frage ihn, ob er gerne bei Burger King isst.

Und was er von DSDS hält.

Er geht gern ins Kino ich sage ich auch

Er empfiehlt mir die neue CD von Tokio Hotel ich höre

Ich schimpfe auf die letzte Mathearbeit. Er sagt: Schön, dich zu hören.

Ich küsse mein Handy. Es strahlt mich an.

9 *Individuelle Lösung*

Verfassen Sie selbst ein achtzeiliges Gedicht. Wählen Sie dazu eines der folgenden Themen aus.

- Eifersucht
- Der Beginn einer Beziehung
- Unglücklich verliebt sein
- Das Ende einer Beziehung

21 Kreativ schreiben

1

Lesen Sie den Text.

Zahlen

Sechs. Eins. Drei. Vier. Fünfundzwanzig. Fünfzig.

Der Tag war trist. Thomas stieg aus dem Zug. Es war laut. Es dröhnte in seinen Ohren. Er ging die schmutzigen Treppenstufen hinab. In den kleinen Tunnel, der unter den Gleisen hindurch in die Stadt führte. Er hatte Angst. Doch es war nur Montag. Montag war gut.

Thomas steigt aus dem Zug (Montag).

Die Atmosphäre ist trüb und trostlos.

Sechs. Eins. Drei. Vier. Fünfundzwanzig. Fünfzig.

Die Wände der Unterführung waren früher mal grau gewesen. Wie der Himmel. Doch nun waren sie bunt. Beschmiert. Die wirren Bilder schwirrten durch seinen Kopf. Grell und laut. Hallende Schritte. Thomas ging an den Schließfächern vorbei. Schäbig. Beschmiert. Mit abblätternden Ziffern. Aufgebrochene Türen. Er hatte Angst. Doch Montag war gut.

Thomas geht durch die Unterführung.

Es herrscht eine etwas unheimliche Atmosphäre („Hallende Schritte").

Sechs. Eins. Drei. Vier. Fünfundzwanzig. Fünfzig.

Thomas ging nach Hause. Die Häuser waren hoch. Ragten in den kalten Himmel. Und wieder Graffiti. Die Fassaden schienen immer enger zusammenzurücken. Er hatte Angst. Die Autos rollten an ihm vorbei. Wiederkehrendes Dröhnen.

Thomas geht nach Hause.

Es herrscht eine Atmosphäre der Enge, der Anonymität und der Beklemmung.

Sechs. Eins. Drei. Vier. Fünfundzwanzig. Fünfzig.

Es war keiner zu Hause. Nur der Fernseher lief. Schnelle Bilder. Blitze. Sie taten weh. Grell. Mit bebenden Händen durchsuchte Thomas seine Taschen. Es würde nicht reichen. Er musste sich mehr besorgen. Und dazu musste er raus. Zwischen die Häuserfassaden. Er hatte Angst.

Thomas ist zu Hause.

Es wird eine Atmosphäre der Einsamkeit, Traurigkeit, Nervosität und Furcht vermittelt.

Sechs. Eins. Drei. Vier. Fünfundzwanzig. Fünfzig.

Mittwoch. Es wollte nicht hell werden. Tiefe Wolken. Thomas stieg aus dem Zug. Mittwoch war schlecht. Er hatte Angst. Es dröhnte ohrenbetäubend. Zitternd stieg er die grauen Treppenstufen hinunter. Zur Unterführung. Angst.

Thomas steigt aus dem Zug (Mittwoch).

Die Atmosphäre ist düster und unheilvoll.

Sechs. Eins. Drei. Vier. Fünfundzwanzig. Fünfzig.

Graffiti. Wirre Bilder. Und dann sah er sie. Grüne Bomberjacken. Kahl. Und dieser Blick. Zittern. Es war so laut. Donner. Blitze.

Thomas sieht sie.

Es herrscht eine Atmosphäre der Anspannung, Panik und Verzweiflung.

Sechs. Eins. Drei. Vier. Fünfundzwanzig. Fünfzig.

Er blieb vor ihnen stehen. Sie waren zu sechst. Er hatte Angst. Er war ganz alleine. Hier trafen sie sich immer. Zwischen Bahnsteig drei und vier. Jeden Mittwoch. Vor dem Schließfach Fünfundzwanzig. Der eine versteckte ein Messer hinter der Jacke. Butterfly. Hast du den Fünfziger?

Thomas trifft sie.

Es wird eine Atmosphäre der Ohnmacht, des Ausgeliefertseins, der Bedrohung, der Gefahr und auch der Hilflosigkeit vermittelt.

Sebastian Meineck: Zahlen. In: Peter Grosz (Hg.): Ganz nah gegenüber. Treffen junger Autoren 2006. Edition lit.europe, Berlin 2007

2

a) Markieren Sie mit je unterschiedlichen Farben
- den Wochentag (blau),
- die Personen (gelb),
- die einzelnen Orte, an denen sich Thomas im Verlauf der Kurzgeschichte aufhält (grün),
- die Wörter, die Aufschluss über die Atmosphäre geben (rot).

b) Notieren Sie für jeden der sieben inhaltlichen Teile eine Überschrift am Rand.

c) Beschreiben Sie jeweils in einem ganzen Satz die Atmosphäre, die in den sieben inhaltlichen Teilen herrscht.

3

Notieren Sie, welche Bedeutung die Zahlenfolge „Sechs. Eins. Drei. Vier. Fünfundzwanzig. Fünfzig." hat, die in der Kurzgeschichte sechs Mal wiederholt wird.

Es sind insgesamt sechs Leute, die Thomas bedrohen. Er hingegen ist ganz allein, daher die Zahl eins. Sie treffen sich mittwochs zwischen Bahnsteig drei und vier, vor dem Schließfach Fünfundzwanzig. Thomas soll ihnen fünfzig Euro geben.

4

Versetzen Sie sich in die Lage von Thomas und notieren Sie seine Gedanken und Gefühle zu Beginn der Kurzgeschichte, ausgehend von der sechsten Zeile („Doch es war nur Montag. Montag war gut."). Übernehmen Sie dabei die im Text verwendete Zeitform und Erzählform. Sie können diesen Anfang verwenden.

Montag war gut, denn am Montag brauchte er keine Angst zu haben. Am Montag würden sie nicht …
auf ihn warten, montags würde er verschont bleiben. Montags brauchte er im Grunde gar keinen Gedanken an die anderen zu verschwenden, er musste im Grunde noch gar nicht an das Geld denken. Und doch. Am Montag war einem bereits klar, dass die Woche begonnen hatte, und nach einem Montag würde der Dienstag folgen und dann würde der Mittwoch unwiderruflich vor einem stehen. Und davor graute ihm jetzt schon. So gesehen war der Montag nicht gut, aber er war allemal besser als der Mittwoch. Denn montags konnte er ohne Angst durch die Unterführung gehen, dass sie ihm auflauern und ihn zur Strecke bringen würden. Denn das würde geschehen, eines Tages, da war er sich ganz sicher. Da machte er sich keine Illusionen. Aber das würde niemals an einem Montag geschehen, dafür hatten sie bereits den Mittwoch vorgesehen. Nein, montags konnte er ganz ruhig durch die Unterführung gehen. Montag war gut.

5

Schreiben Sie die Geschichte weiter. Erfinden Sie dabei ein positives Ende.

Es dröhnte in seinen Ohren. Alles in ihm bebte. Angst. Verzweiflung. Er zitterte. Er konnte es nicht ändern. Er war gefangen. Sie würden auf ihn losgehen und ihn umbringen. Es war zu spät. Noch einmal schrieen sie ihn an. Hast du den Fünfziger? – Nein. Nein. Ich wollte. Ich konnte nicht. Es ging nicht. Nächsten Mittwoch werde ich bestimmt. – Gar nichts wirst du. Es gibt keinen nächsten Mittwoch. – Sie schlugen auf ihn ein. Bis er am Boden lag. Dann traten sie ihn. Einer zog das Messer hinter seiner Jacke hervor. – Halt! Sie hörten eine kräftige Stimme. Noch einmal: Halt! Im selben Moment hatte ihm ein stämmiger Mann das Messer aus der Hand gerissen. Hallo! Sie da hinten mit Ihrer schwarzen Aktentasche: Rufen Sie die Polizei! Sofort! Und Sie da hinten mit der roten Jacke: Machen Sie ein Foto von uns allen! – Es war unglaublich, aber die kräftige Stimme des Mannes hatte viele Menschen angelockt. Er sprach sie einzeln an und gab ihnen Anweisungen. Das alles geschah in nur wenigen Sekunden. Sie waren noch immer zu sechst, doch jetzt überkam sie Panik, das sah man ganz genau. Sie rannten los, boxten sich durch die Menschen hindurch, stolperten, standen wieder auf, rannten um ihr Leben. Doch am Ende der Unterführung warteten die Polizeibeamten bereits auf sie. Es gab kein Entkommen mehr. – Er war wie versteinert. Zitterte noch immer. Konnte sich nicht bewegen. Es war aus. Aber er fühlte sich elend. Er hatte Angst.

6

Schreiben Sie selbst eine Kurzgeschichte mit dem Titel „Zahlen" und übernehmen Sie dabei die äußere Form und die Struktur der Kurzgeschichte von Sebastian Meineck. Der Beginn und das Ende der Geschichte sind bereits vorgegeben.

Zahlen

Sechs. Eins. Drei. Vierzehn. Fünfzig. Sechzehn.

Der Tag war wunderbar. Freudestrahlend sprang Linda über die Stufen. Es sang in ihren Ohren. Sie ging nicht zur Arbeit, sie schwebte. Sie war beschwingt. Beglückt. Leichtigkeit. Doch es war erst Mittwoch.

Sechs. Eins. Drei. Vierzehn. Fünfzig. Sechzehn.
Möglichkeit:
Die Wände der Unterführung waren früher mal grau gewesen. Doch nun waren sie bunt. Ein Projekt des Berufskollegs am Rathausplatz. Schüler hatten eine bunte Blumenwiese gemalt. Tulpen und Osterglocken lachten sie fröhlich an. Sie war einfach nur glücklich. Doch es war erst Mittwoch.

Sechs. Eins. Drei. Vierzehn. Fünfzig. Sechzehn.
Linda betrat das Büro. Es roch nach frisch gekochtem Kaffee. Jemand hatte Geburtstag gehabt und auch für sie eine Himbeerschnitte auf ihren Schreibtisch gestellt. Noch bevor sie den Rechner hochfuhr, ließ sie die süße Sahne auf der Zunge zergehen.

Sechs. Eins. Drei. Vierzehn. Fünfzig. Sechzehn.
Freitag. Keine einzige Wolke am Himmel. Glasklare Luft. Wolkenloser Himmel. Sonne. Heute nahm Linda das Fahrrad. Sie schwang sich auf den Sattel. Freitag war grandios. Sie war durch und durch erfüllt von etwas. Alles war leicht.

Sechs. Eins. Drei. Vierzehn. Fünfzig. Sechzehn.

Taumelndes Glück. Unbändige Freude. Geballte Energie. Sie rannte, sie sprang, sie flog übermütig euphorisch die Treppe hinauf. Sie strahlte. Unfassbares, unvorstellbares Glück. Sechs Monate waren sie heute zusammen. Er war für sie der Eine, der Einzige. Drei ganze Tage würde er dieses Mal bleiben können. Der Zug fuhr ein. Pünktlich um 14:50 Uhr. Sie stand dort, am Gleis 16, mit pochendem Herzen und leerem Magen und einer Freude, die sich immer weiter Bahn brach, die herauswollte aus jeder Faser ihres Körpers, eine unbändige, lautlose, haltlose, funkelnde Freude. Tausend Schmetterlinge. Überglücklich. Heillose Euphorie. Großes, unfassbares, wunderbares Glück.

7 Individuelle Lösung

a) Lesen Sie das Gedicht.

Ich Du Wir

I rrsinn
C haos
H altlosigkeit

D auer
U marmung

Wärme
I ntensität
R uhe.

Robert Gernhardt: Ich Du Wir. In: Günter Stolzenberger (Hg.): Das große Buch der Liebe. Erzählungen und Gedichte aus 1000 Jahren. Artemis & Winkler Verlag, Düsseldorf 2006, S. 541.

b) Greifen Sie die Struktur des Gedichts von Robert Gernhardt auf und verfassen Sie ein Gedicht mit dem Titel „Verliebt".

22 Sich auf Prüfungen und Tests vorbereiten

1 *Individuelle Lösung*

Kreuzen Sie an, was bei Ihnen zutrifft, nur teilweise zutrifft, nicht zutrifft.

So behalte ich Gelerntes am besten:	Das trifft bei mir zu	teilweise zu	nicht zu
A Ich lese alles noch einmal durch. Das genügt.	☐	☐	☐
B Ich muss mir alles noch einmal aufschreiben und in eigenen Worten ausdrücken.	☐	☐	☐
C Ich behalte Gelerntes am besten, wenn ich es mit jemandem durchspreche, der von der Sache auch etwas versteht und mich von Zeit zu Zeit korrigiert.	☐	☐	☐
D Ich schreibe mir alles auf und spreche es dann mehrere Male vor mich hin.	☐	☐	☐
E Ich lese mir alles mehrere Male durch, schlafe dann eine Nacht und wiederhole den ganzen Vorgang am nächsten Tag.	☐	☐	☐
F Ich muss das, was ich gelernt habe, jemandem erklären, dann kann ich es am besten behalten.	☐	☐	☐
G Ich muss mich bewegen, alles laut vor mich hinsagen, dann eine Pause machen, oft mehrere Stunden, dann noch einmal alles wiederholen.	☐	☐	☐
H Ich mache mir einen sehr ausführlichen Spickzettel, oft auch mehrere. Das, was darauf steht, das kann ich dann auch.	☐	☐	☐
I Am besten ist es, mir sagt einer noch einmal alles, was ich lernen muss.	☐	☐	☐
J Ich mache mir Kärtchen, notiere darauf immer kleine Wissensteile und gehe die Kärtchen dann jeden Tag mal durch.	☐	☐	☐
K Ich lerne immer alles auswendig, auch wenn ich einen Tag nach dem Test nichts mehr weiß.	☐	☐	☐
L Ich mache mir Skizzen vom Gelernten, die manchmal ziemlich chaotisch aussehen, und spreche alles halblaut vor mich hin. Diese Skizzen sehe ich dann wieder vor meinem geistigen Auge während der Prüfung.	☐	☐	☐

2 *Individuelle Lösung*

Erstellen Sie eine „Hitliste“ schlechter Ratschläge zur Prüfungsvorbereitung. Geben Sie dem schlechtesten Ratschlag die Nummer 1.

☐ Man lenkt sich ab durch Sport und andere Aktivitäten, die mit der Prüfung nichts zu tun haben, damit der Kopf frei bleibt.
☐ Man nimmt Medikamente, um sich zu beruhigen und von Prüfungsangst zu befreien.
☐ Man lernt die Nacht vor der Prüfung durch, damit alles noch neu im Gedächtnis ist.
☐ Man liest eine Stunde vor der Prüfung noch einmal alles durch, damit man nicht so viel vergisst.
☐ Man sagt sich und anderen immer wieder, dass man nichts weiß, dann kann man nur positiv „enttäuscht“ werden.